浙江大学德育与学生发展研究中心资助

德育与学生发展研究
系 列 丛 书

RESEARCH ON UNIVERSITY
MORAL EDUCATION
COMMUNITY BASED ON
KNOWLEDGE DIMENSION

基于知识向度的
大学德育共同体研究

单珏慧 ◎ 著

浙江大学出版社
·杭州·

图书在版编目(CIP)数据

基于知识向度的大学德育共同体研究 / 单珏慧著.
杭州：浙江大学出版社，2024.8. -- ISBN 978-7-308
-25408-3

Ⅰ.G641

中国国家版本馆CIP数据核字第20242V90D5号

基于知识向度的大学德育共同体研究
JIYU ZHISHI XIANGDU DE DAXUE DEYU GONGTONGTI YANJIU

单珏慧　著

策划编辑	陈佩钰
责任编辑	陈逸行
文字编辑	梅　雪
责任校对	马一萍
封面设计	雷建军
出版发行	浙江大学出版社
	（杭州市天目山路148号　邮政编码310007）
	（网址：http://www.zjupress.com）
排　　版	浙江大千时代文化传媒有限公司
印　　刷	浙江海虹彩色印务有限公司
开　　本	710mm×1000mm　1/16
印　　张	11.5
字　　数	150千
版 印 次	2024年8月第1版　2024年8月第1次印刷
书　　号	ISBN 978-7-308-25408-3
定　　价	68.00元

版权所有　侵权必究　　印装差错　负责调换

浙江大学出版社市场运营中心联系方式：(0571)88925591；http://zjdxcbs.tmall.com

总　序
从学术共同体到德育共同体

经历千年的风雨，大学从"象牙塔"变成"社会轴心机构"，越来越深入我们的生活。对于大学的认识，无论是古希腊吕克昂学园中的辩论，还是现代大学中的诸多职能，都没有离开过对一个问题的探讨：大学何以使人过上有意义的生活？换言之，对知识的习得，对道德的养成，对意义的追求，一直是大学难以割舍而又矛盾存在的"集合体"。那么，大学到底应该扮演一个怎样的角色？

布鲁贝克在《高等教育哲学》一书中指出："大学确立它的地位主要有两种途径，即存在两种高等教育哲学，一种哲学主要以认识论为基础，另一种哲学则以政治论为基础。"认识论把以"'闲逸的好奇'精神追求知识作为目的"，在知识和现实之间划上明确的界限；政治论把教育作为政治的一个分支，强调教育对国家、社会的深远影响。两种论点的背后，恰恰是对大学使命、目标、定位、功能的"合法性"论证和哲学化思考。高深学问的探讨是大学的源起和初心，是摆脱价值左右的"自由探索"；而国家、社会对大学的深度关切和外部介入，带来的是价值问题，大学已经成为它们所服务的社会的不可分割的一部分。因而，在大学里存在着学术—市场、自治—共治、学术中立—价值选择等冲突，而且这些冲突在不同时代反复被提及，形成了大学的不同价值取向。

我们追溯大学的起源，"知识的探究"一直占据着灵魂地位，"知识的堡垒"也从未被攻破，知识的创造、生产、传播和继承是大学的核心使命。长期以来,大学存在的合法性基础在于对知识的索求和真理的探究,而无关现实的生活和政治的价值。在这样的场所里,学生可以"自主地去学习",教师可以"随心所欲地去研究",这个团体充满理性和人文精神而且高度自治,是一个"学术共同体"的角色。然而,在全球化日益深入、互联网广泛应用、科技竞争日趋激烈的当代社会,大学教育不再是遥不可及,大学生也不是"养在深闺人未识"的大家闺秀,而是更好地贴近市场、产业、生活的时代宠儿。正如联合国教科文组织在《学会生存:教育世界的今天和明天》一书中指出的:"社会已经连续不断地巩固改组它们的结构。……现在社会难道不应该把'学习实现自我',即人的教育,放在最优先的地位吗?"其实关于这个问题,联合国教科文组织在《学会关心:21世纪的教育》的报告中就给出过答案:"归根到底,21世纪最成功的劳动者是最全面发展的人,是对新思想和新的机遇开放的人。"

关于人的全面发展,马克思的经典著作中有大量的论述。马克思认为,人的全面而自由的发展是未来社会的价值目标,是实现人的发展的最高理想境界,并提出"教育与生产劳动的结合是培养全面发展的人的唯一途径"。纵观大学的演变历史,特定历史条件下的教育有着特定的价值和意义。柏拉图时代对"哲学王"的培养、中世纪对"僧侣、骑士"的培养、文艺复兴时期对"爱弥儿"的培养、工业社会对"良好的社会公民"的培养,都是特定社会标准下的教育,无不反映了教育对人的影响。面向新时代,经济、政治、文化诸方面的综合发展成为历史潮流,技术的进步让人摆脱自然的束缚和个体的局限,人的需求和能力得到极大的提升,自由、充分、个性的全面发展成为可能。在这样的时代里,培养适应现代生活、改造现存世界的人,让个体理解和选择有意义的生活,应该成为大学的核心活动。

总 序

从西方大学反观中国高等教育,近代中国大学的发展一直受到两条逻辑路线影响:一条是以科学主义为主的西方高等教育,另一条是以人伦教化为主的传统文化教育。近代中国大学创办于救亡图存的危机年代,无论是中西学堂、南洋公学还是京师大学堂,无不以西学为榜样,设新科、启民智、重实用,在办学体系、课程内容、教学方法上大量模仿西方。中华人民共和国成立以来,高等教育的培养目标、教育理念发生了变化,高等学校得以迅猛发展。然而机械地照搬苏联模式,一度也使大学偏离全面发展的航道。随着改革开放的深入和经济体制的转变,高等教育发展进入新的历史时期。人民群众对高等教育的需求不断高涨,现代教育理念不断创新,大学正焕发新的生命力。在这条路线上更多是现代性的逻辑,隐约展现的是西方大学的身影(或镜像)。我们"洋为中用",积极吸收西方一切先进经验和文明成果,从落后走向发展,逐步建立起与世界高等教育发展同步的理念、目标与方向。与此同时,在另外一条路线上,传统以"仁义"为核心的德育思想长期"统治"着教育领域,深深地影响着高等教育。《大学》开篇提到,"大学之道,在明明德,在亲民,在止于至善",说明了知识及其教育的首要目的是培养社会发展所需之人。《论语》指出,"弟子入则孝,出则悌,谨而信,泛爱众而亲仁,行有余力,则以学文",把道德修养放在知识学习之上,浸透着"修身"的价值追求。青少年阶段是人生的"拔节孕穗期",最需要精心引导和栽培。因而,在当代中国大学里,"培养什么人,如何培养人以及为谁培养人"是教育的根本问题,"立德树人"是教育的根本任务,德育、智育、体育、美育、劳育的全面发展是教育的根本出发点和落脚点。尤其可贵的,是把"德育"放在首位,突出"德育"在人的全面发展中的核心地位和统领之义。正是这种以德为首、融合全面发展的教育思想传统,创造性地塑造了大学作为"德育共同体"的角色。

但丁说过："一个知识不全的人可以用道德去弥补,而一个道德不全的人却难以用知识去弥补。"我们认为,从"学术共同体"到"德育共同体",是对大学合法性基础认识的再深化、再发展。大学离不开学术,但是学术不是大学的全部;大学离不开政治,但是政治终究无法替代大学。中国特色的世界一流大学,应该是现代性的大学构架和道德性的文化传统交织在一起的时代产物,应该展现出多维度、多目的、多功能的教育生态,真正成为生活的中心、社会的工具、思想的源泉和发展的动力,最终承担起"生命共同体"的角色。

教育实践本质上是一种道德实践。当前,国家全面推进中国特色世界一流大学建设。对标世界一流大学的显性指标,我们充满信心,扎根中国大地的"特色指标"需要我们不断充实自身。我们也深信,在中国特色社会主义的伟大实践中,德育一定是高等教育的题中应有之义,也是高校办学"特色指标"之所在,具有重要的现实意义。尤其在现代大学的开放办学中,在重视德育的优良文化传统中,在人的现代化不断丰富的过程中,"德育共同体"的理论研究和实践探索恰逢其时。为此,浙江大学德育与学生发展研究中心组织力量,从"德育共同体"的理论、体系、实践、案例等方面开展研究,形成了"德育与学生发展研究"系列丛书。丛书包罗德育养成和个体发展的多方面,既着眼于德育新要求,探讨"德育共同体"的生成、发展和趋势,构建德育工作的新理论、新体系;又面向学生发展新需求,研究思想政治教育、心理健康教育、创新创业教育、队伍建设等,探索德育工作的新方法、新路径。在丛书的编写过程中,我们坚持马克思主义理论的指导地位,积极吸收和借鉴现代各种德育思想和理论,从学生全面发展的角度出发,试图在高等教育的内涵发展中审视德育体系的独特功效,摆脱长期以来德育与智育分裂、思政教育与专业教育割裂、道德养成与知识习得断裂的高等教育沉疴，为新时代高校德育工作的改革创新提供理论支撑、解决方案和本土样本，让教育真正回归初心、回到本位，让青年过上快乐、充实和有意义的生活。

是为序。

2018年9月10日
于浙江大学德育与学生发展研究中心

前　言

人类社会已经步入知识时代,知识创新取代物质资本和体力劳动成为社会发展的主要驱动力,受过良好教育的人成为社会发展的中流砥柱。在历史进程中决定着大学孕育产生与发展走向的主要是知识和政治两大力量,从西方大学的发展历程来看,其主要遵从的是知识逻辑,而中国大学则因传统文化、历史变革、社会属性等因素而具有强政治性。知识社会的到来,对中国大学而言既是机遇也是挑战,基于知识向度探究大学的德育问题,既是大学德育研究的新认知,也是中国大学实现立德树人根本任务的新路径。

在知识社会中,以知识的保存、传承、创新、转化四大基本功能为基础的现代大学快速跻身知识社会的中心,承担起比历史上任何时期都更为重要的时代使命。中国大学不仅要以快速转型发展之姿融入由全球大学构成的知识共同体,更要肩负起立德树人、引领未来的使命。因此,中国大学必须淘汰传统德育中与时代需求不匹配的部分,如教育方式的单向化、教育内容的同质化、教育导向的空泛化等,构建起适应时代发展、耦合于知识的德育共同体。所谓德育共同体,是指全体成员以共同道德信仰和价值认同为基础,以共同德育目标驱动的多元主体的有机结合。纵观近年来中国大学的德育实践,正日益显现出目标一致性、主体交互性、集体协同性等特征,事实上已经初步形成了中国大学德育共同体。本书在此基础上进一步提出了构建耦合于知识的大学德育共同体:以多元主体知识结构的可塑性和差异性为基础,通过场域耦合、能量耦合、系统耦合三大路径,在未来发展中契合知识演进的前沿性、整合性、实践性特征,进一步实现德育探索与创新。

目 录

第一章　绪论 ………………………………………… 1

　　第一节　研究背景与意义 ……………………………… 1
　　第二节　相关研究与综述 ……………………………… 5
　　第三节　研究方法与思路 ……………………………… 27
　　第四节　研究难点与创新 ……………………………… 31

第二章　以知识为基的大学共同体 ………………… 32

　　第一节　大学的孕育与知识的传承 …………………… 32
　　第二节　近代大学与知识共同体的形成 ……………… 43
　　第三节　现代大学与知识共同体的演化 ……………… 52

第三章　大学共同体中的道德与知识 ……………… 66

　　第一节　道德、知识与大学转型 ……………………… 67
　　第二节　道德与知识的耦合困境 ……………………… 72
　　第三节　统合于"人"的道德与知识 ………………… 80

第四章　中国大学德育共同体的历史基础 ………… 92

　　第一节　中国古代的大学基因 ………………………… 94
　　第二节　西方大学制度的引入 ………………………… 97
　　第三节　近代中国大学的变革 ………………………… 101
　　第四节　中华人民共和国成立初期的大学改造 ……… 104

1

第五节　改革开放后的大学发展 …………………… 109

第五章　中国大学德育共同体的时代面向 ……………… 115
　　第一节　中国大学德育传统的时代审视 …………… 115
　　第二节　中国大学德育共同体的时代基础 ………… 123
　　第三节　知识时代的中国大学使命与德育共同体 … 129

第六章　构建耦合于知识的大学德育共同体 …………… 134
　　第一节　耦合基础:多元主体的知识结构 ………… 135
　　第二节　耦合路径之一:场域耦合 ………………… 139
　　第三节　耦合路径之二:能量耦合 ………………… 145
　　第四节　耦合路径之三:系统耦合 ………………… 151
　　第五节　耦合展望:契合知识演进的时代脉络 …… 155

参考文献 …………………………………………………… 161

第一章 绪 论

大学,自萌芽起便自带"知识"属性。从古希腊的阿卡德米学院到欧洲的中世纪大学,从被誉为"大学之母"的博洛尼亚大学到被誉为"现代大学之母"的柏林大学,从推崇博雅教育的英国大学到强调产业服务的硅谷大学群,纵观林立于当今世界的知名大学,虽然大学的形态与知识的功能在不断变化,但知识始终是贯穿大学发展历程的核心纽带。回溯千年,无论是作为"教授普遍知识的地方"[①],还是将"高深的知识材料"作为目的和实质的核心[②]——大学,以其对知识的保存、传承、创新、转化等基本应用形态在社会转型与知识变革中屹立。

第一节 研究背景与意义

21世纪的人类社会,在走过漫长的农业社会、快速发展的工业社会之后,正在或已经步入一个以知识为核心要素的时代。关于这个时代,有人称之为"信息社会",也有人称之为"后工业社会"或"后资本主义社会",但最普遍使用且恰如其分的称谓还是"知识社会"。因为在这个时代,知识创新取代物质资本和体力劳动成为社会发展的主要驱动力,知识资本成为最重要的资源,受过良好教育、具备相应知识与能

---

① 纽曼.大学的理念[M].高师宁,何克勇,何可人,等译.北京:北京大学出版社,2016:1.
② 克拉克.高等教育系统——学术组织的跨国研究[M].王承绪,徐辉,殷企平,等译.杭州:杭州大学出版社,1994:12.

力的个人成为国家与社会发展的中流砥柱,知识创新能力或者说由此产生的创新知识潜在能力成为全球竞争的焦点,谁占有更多、更强的知识创新潜能,谁就能在未来的大国博弈中占据更大优势。"教育的普及、教育质量的提高,特别是教育在培养青少年一代知识创新素质和能力方面的效果,正成为国际社会最为关注的问题。教育事业也因此被推向了政治活动的前台,成为政治领域的重要问题。"[①]近年来,"知识"领域的斗争日益显现出政治、经济、文化等深层次冲突,在知识社会飞速发展进程中被推上风口浪尖的中国大学,所要应对的是前所未有的复杂挑战。

事实上,国家层面对中国大学教育面临的复杂形势早有觉察。2012年,党的十八大首次正式提出要"把立德树人作为教育的根本任务",作为学校教育的最高层次,中国大学的使命目标得到强化统一。2016年,全国高校思想政治会议召开,会议强调"高校思想政治工作关系高校培养什么样的人、如何培养人以及为谁培养人这个根本问题"[②],进一步明确了中国大学的社会主义底色。2018年,习近平总书记在全国教育大会上指出,"要把立德树人融入思想道德教育、文化知识教育、社会实践教育各环节,贯穿基础教育、职业教育、高等教育各领域,学科体系、教学体系、教材体系、管理体系要围绕这个目标来设计,教师要围绕这个目标来教,学生要围绕这个目标来学。凡是不利于实现这个目标的做法都要坚决改过来"[③],在方法论层面进一步明确了立德树人目标的实现路径。作为国家意志占据主导的中国大学,在历史上和传统上一贯具有较强的意识形态性,而这三次会议的召开,更是进一步明确并统一了大学的使命目标和办学方略。纵观近年来

---

① 石中英.知识转型与教育改革[M].北京:教育科学出版社,2001:5-6.
② 把思想政治工作贯穿教育教学全过程 开创我国高等教育事业发展新局面[N].人民日报,2016-12-09(1).
③ 坚持中国特色社会主义教育发展道路 培养德智体美劳全面发展的社会主义建设者和接班人[N].光明日报,2018-09-11(1).

中国大学的德育实践,正日益显现出目标一致性、主体交互性、集体协同性等特征,事实上已经初步形成了中国大学"德育共同体"[①],而这种以"共同的道德信仰和价值认同、共同的历史文化传统、明确的目标和指向"[②]为特征的大学德育共同体的构建完善,直接指向立德树人的实现,基于知识向度来考量大学的德育问题,既是大学德育研究的重要视角,也是当前中国大学德育工作的创新路径。

一、理论意义:大学德育研究的新认知

在中国,大学德育研究的理论成果数见不鲜,但从知识向度对其进行研究的理论成果屈指可数,这与知识时代的大学使命是难以匹配的,也与中国大学的未来发展不相吻合。从理论层面来看,本书的意义主要有两点。

第一,有助于构建更为丰富的大学德育研究视角。 改革开放以来,我国德育研究开始更多地立足本国实践进行,集中表现为基于实践经验总结的各种德育模式纷纷登场,其中,理论上较为成熟、实践中较有影响、学术界广泛引用的模式主要包括情感德育模式、活动德育模式、生活德育模式、欣赏型德育模式、制度德育模式等。[③] 这些模式各有其适用场景,对实践的关注无疑也是大学德育的重要方面,但大学首先是一个知识共同体,大学的运行天然地关联着大学知识功能的运作,鉴于大学的特殊性,有时过多地、习惯性地将德育与实践进行定向关联,在一定程度上会造成德育与知识的脱节,而本书正是希望将德育回归"知识"这一大学的核心要素进行探讨,从知识向度来审视、考量、拓展大学德育研究。

---

① 任少波,楼艳.论高校德育共同体的三重意蕴[J].高等教育研究,2018(8):86-90.
② 吕成祯,任少波.德育共同体:内涵、特征与时代使命[J].国家教育行政学院学报,2018(4):41-46.
③ 戚万学,唐爱民,韩笑.改革开放40年德育理论研究的主题及进展[J].教育研究,2018(10):20-31.

第二,有助于构建更为完整的大学"德育共同体"理论框架。"共同体"概念在大学场景的应用由来已久,"知识共同体""学习共同体""教育共同体"等相关概念早已为人们所熟知。"德育共同体"作为一个近年来才逐渐明晰的新概念,目前仅有数篇相关论文正式发表,主要是从内涵、特征、意义等维度对其进行宏观建构。本书选取"知识"作为切入视角,着重分析中国大学这一场域内的德育共同体及其构建,不仅为后续研究开辟了新维度,更是将中国大学的德育研究置于知识社会发展大变局之中进行考量的新探索。

二、现实意义:大学立德树人的新路径

当代中国大学肩负着立德树人的重要使命,但屡屡见诸新闻的大学极端事件让人触目惊心,师德师风问题已经引起社会关注,学生群体中并不鲜见的"佛系""躺平"亚文化背后是对无谓内卷的消极抵抗和对未来人生的迷茫困惑。作为一名长期工作在大学德育一线的思政教育者,不时会产生一种感觉,大学德育实践似乎总带着一种隔靴搔痒、无法落地的尴尬,大学的育人体系似乎并未完全畅通并形成立德树人的最佳合力。

第一,德育与智育是立德树人的一体两面,耦合于知识共同体的大学德育共同体亟待探索构建。当代的中国大学,自然也是以知识为本质属性,但与此同时,德育一直是中国大学突出强调的重要方面:这一方面是源于中国传统文化中"以德为先"理念的历史传承;另一方面也是因为大学作为高知群体的集中培育基地具有重要的社会引领效应。中国大学具有鲜明的意识形态特点,以立德树人为根本任务,但在实现过程中,德育与智育的关系问题仍有待进一步科学定位,德育元素尚未有机融入人才培养的全过程。这就要求我们必须探索开展适宜中国大学体系的德育。传统的大学德育通常借助政治权力实施,具有很强的外生性,未能有效地与学生的内生成长需求相结合、与大学的自然知识属性相结合,因此往往事倍功半。而将德育工作置于知

识视野下审视,构建耦合于知识的德育共同体,或许会是中国大学更好地实现立德树人的创新路径。

第二,在知识创新力竞争日趋白热化的国际大背景下,基于知识向度研究大学德育共同体也是为知识社会中的当代中国大学寻觅自洽。当今世界的基本特点是政治多极化、经济全球化、文化多样化、社会信息化,不论人们来自哪个国家或地区、有何种宗教信仰、持何种文化理念,事实上都已经处在同一个命运共同体之中。当"人类命运共同体"概念日益成为人们的普遍共识,致力于探索中国大学"德育共同体"的构建,无疑是对中国特色社会主义大学德育教育的新拓展:一方面,共同体的开环属性,有利于弥合因历史条件、资源配置、地域文化等客观因素造成的大学内部、大学之间德育发展不平衡不充分问题;另一方面,德育共同体的构建,有利于优化大学德育生态,将以权力需要为中心的传统德育迭代为以多元主体成长需要为中心的新型德育,促进德育合力的凝聚和德育效果的内化。

第二节 相关研究与综述

"知识"是一个浩瀚的范畴,当我们试图从知识向度研究大学德育共同体时,首先必须搞清楚三件事:第一,什么是知识;第二,什么是德育;第三,什么是共同体,并进而论述什么是大学德育共同体。

一、知识相关研究与知识论的发展

"求知是人的本性",这是亚里士多德在《形而上学》中提出的著名论断。无独有偶,中国思想家荀况也在其《解蔽》一文中著有类似论述:"凡以知,人之性也。""所有无知既是对事物的无知,也是对知识界限的无知"①,人们在探寻知识的同时,也在孜孜不倦地探寻着关于知识本身的知识。从三千多年前的古罗马直至已步入知识社会的当今世界,人们仍在探讨着同一个问题:知识是什么。正如罗素在《人类的知识:其范围与限度》一书中所说的:"'知识是什么意思'这个问题并不是一个具有确定和毫不含糊的答案的问题。"②也正是因为人们在知识定义上的不一致性,时至今日,学术界乃至相关领域,如教育界、经济界等,仍存在着众多的争论。

(一)古代思想家关于知识的论述

人是知识的存在,知识是推动人类社会发展的动力源,从这个角度来看,中国古代社会和西方古代社会同样积累了丰富的知识,但中西方古代思想家对"知识"本身的关注角度并不相同。

1.古代西方

西方知识论可以溯源至"逻各斯"(Logos)这个欧洲古代和中世纪常用的哲学概念。"逻各斯"一般指世界上可理解的规律,因而也有语言或理性的意义。古希腊哲学家赫拉克利特最早将这个概念引入哲学中,认为"一切都遵循着这个逻各斯","逻各斯虽然万古长存,可是人们在听到它之前,以及刚刚听到它的时候,却对它理解不了"。③ 这种对事物本质规律的朴素认知,已经蕴含了对知识概念的探索和知识论的萌芽。

知识论作为西方哲学的重要组成部分,与本体论、逻辑学、伦理学等一起构成了哲学的主干,相关论述浩如烟海,而数千年来争论不休的核心问题即"什么是知识"。这一问题始见于柏拉图在《泰阿泰德》中所描绘的苏格拉底与泰阿泰德的探讨,因此知识的定义问题也被称为"泰阿泰德问题"。事实上,《泰阿泰德》虽然全篇在讨论什么是知

---

① 舒志定.教育哲学引论[M].北京:中国社会出版社,2007:122.
② 罗素.人类的知识:其范围与限度[M].张金言,译.北京:商务印书馆,1983:195.
③ 洪汉鼎,陈治国.知识论读本[M].北京:中国人民大学出版社,2010:8.

识,却并未给出完整的正面回答。我们从二人的对话中可以推断出,文中所提到的"感觉""真实的信念""真实的信念加上解释"都不是知识,或者说还不是知识的完整界定。①

亚里士多德十分推崇知识,他对知识的前提与证明、科学知识等问题的探讨主要集中于《后分析篇》。亚里士多德提道:"有些人认为,知识是不可能的,另一些人承认知识是可能的,但认为所有的事物都是可以证明的,这两种观点都不正确,也不是必然的……我们不仅主张知识是可能的,而且认为还存在着一种知识的本原。我们借助它去认识终极真理。"②知识的可能性问题后来演化为伴随着知识论发展的另一个重要流派——怀疑论,而知识的证明问题也在学界引发了持久且激烈的争论,并逐步形成了基础主义与一致主义、内在主义与外在主义等诸多流派。

2.古代中国

在中国,对于人伦关系的研究自古兴盛,历史上的思想大家几乎无一例外地关注德性修养问题,从而形成了中国独特的"人本位"文化形态。与此同时,对知识的论述也几乎都是与"人"密切关联着的,极少涉及知识的定义、属性、分类、论证等内容,和西方传统知识论的研究范畴大相径庭。或许正是因此,冯友兰先生认为:"知识论问题在中国哲学(除开佛学,它来自印度)是找不到的。"③但撇开所谓的传统西方知识论范型,中国传统哲学中其实有很多与知识、求知相关的论述,在此仅选取较有代表性且和本书有一定相关性的三个方面进行阐述。

一是学以致知。首先是学什么。庄子说:"吾生也有涯,而知也无涯。以有涯随无涯,殆已;已而为知者,殆而已矣。"④从个体层面来看,每个个体的人生时长是有限的,但作为整体的知识是无限的,用有限

---

① 胡军.知识论[M].北京:北京大学出版社,2006:52.
② 洪汉鼎,陈治国.知识论读本[M].北京:中国人民大学出版社,2010:95.
③ 冯友兰.中国哲学简史[M].涂又光,译.北京:北京大学出版社,1985:32.
④ 章启群.庄子新注[M].北京:中华书局,2018:81.

的人生追求无限的知识自然是无法成功的,所以庄子主张知识不是"越多越好"或"越少越好",而是顺应"道"①的知识越多越好,背离"道"的知识越少越好。然后是怎么学。有求知之志非常重要,孔子晚年对自己一生求知的过程做了总结:"吾十有五而志于学,三十而立,四十而不惑,五十而知天命,六十而耳顺,七十而从心所欲,不逾矩。"②除了立志求学,还要勤奋好学。"我非生而知之者,好古,敏以求之者也。"③"君子食无求饱,居无求安,敏于事而慎于言,就有道而正焉,可谓好学也已。"④虽然中国传统文化中也有"致知在格物,物格而后知至"的提法,但"格物"是"致知"的手段,"致知"是通向"诚意、正心、修身、齐家、治国、平天下"的路径,这与古代西方思想家将追求真理作为终极目标是截然不同的。

二是以知利仁。既然"知"只是一种手段,那中国古代思想家所认同的终极追求是什么?儒家学派最具代表性的观点是"仁",强调学习知识是为了德性修养,"知"是从属于"仁"的。孔子提倡"仁、义、礼、智、信",将"仁"置于首位,认为"人而不仁,如礼何?人而不仁,如乐何?"⑤,并提出"仁者安仁,知者利仁"⑥,明确了"仁"是"知"的目的。可见,孔子之所以提倡求知,主要是为了达仁,他认为知识只是手段,德性的完善才是最终目的。如何才能由知到仁呢?孔子所强调的"躬行"就是必不可少的中间环节,他认为学与行、知与仁是贯通的,"古者言之不出,耻躬之不逮也"⑦,"君子耻其言而过其行"⑧。为了做到躬行践履,孔子要求学生由己及人、由近及远,"夫仁者,己欲立而立人,

---

① "道"是中华文化所独有的概念,意指世间万物的运行轨道,在此也可以理解为真理。
② 杨伯峻.论语译注[M].北京:中华书局,2019:16.
③ 杨伯峻.论语译注[M].北京:中华书局,2019:101.
④ 杨伯峻.论语译注[M].北京:中华书局,2019:12.
⑤ 杨伯峻.论语译注[M].北京:中华书局,2019:33.
⑥ 杨伯峻.论语译注[M].北京:中华书局,2019:48.
⑦ 杨伯峻.论语译注[M].北京:中华书局,2019:56.
⑧ 杨伯峻.论语译注[M].北京:中华书局,2019:215.

己欲达而达人。能近取譬,可谓仁之方也已"①。

三是知行合一。中国古代思想家所倡导的"知行合一"是认识论和实践论的命题,主要探讨的是道德认知与道德实践的关系,和当代社会生活语境中所使用的"知行合一"既相互联系又有所区别。我们一般认为"知行合一"思想由明朝思想家王守仁提出,是阳明心学的核心观点,上承孟子心性论,下接程朱理学,受朱熹知行观的影响。在王守仁看来,知行可以分作两方面去说,却不可以分作"两截"去做,知与行应该是相辅相成、辩证统一的,"知是行的主意,行是知的工夫"②,"知是行之始,行是知之成"③,"知之真切笃实处,即是行,行之明觉精察处,即是知"④。知行是一个问题的不同方面,密不可分,"行"离不开"知"的指导,而"知"也缺不得"行"的检验。

(二)近代以来的知识论发展概述

随着近现代科学技术的迅猛发展,思想家开始热衷于从认识论角度探讨知识的来源及确定性等问题,关于知识的观点纷呈,唯理论和经验论是其中的两大主流。唯理论者认为,知识源于理性或者说客观存在,所谓知识是对存在的本质反映和表征,只有基于理性认知的知识才是真实的知识;经验论者认为,知识源自人的感性,是人对这个世界的感觉与经验的真实反映与总结;批判论者则试图调和两派间的对立,采取折中的观点,提出知识是由理性和感性共同创造的。

尽管思想家们在知识来源的问题上争论不休,但是他们大多坚信科学发现和知识积累会推动人类社会的进步。16 世纪英国哲学家、经验论的创始人培根提出了"知识就是力量",这个响亮的口号影响了

---

① 杨伯峻.论语译注[M].北京:中华书局,2019:91.
② 王守仁.王阳明全集(下)[M].吴光,钱明,董平,等编校.上海:上海古籍出版社,2011:1008.
③ 王守仁.王阳明全集(下)[M].吴光,钱明,董平,等编校.上海:上海古籍出版社,2011:1008.
④ 王守仁.王阳明全集(下)[M].吴光,钱明,董平,等编校.上海:上海古籍出版社,2011:176.

人类几个世纪,但事实上培根在这里所说的知识主要是指科技知识、科技理性,并没有触及知识的本质属性。真正把知识问题上升到认知程度的是笛卡儿,他系统地提出了分析方法,即西方分析哲学中被认为是认识基础主义的模式,以实验的方法寻求外部世界、内在自我以及超验的上帝之知识的坚实基础。这种对理性基础和方法论基础的探寻为现代分析知识论搭建了框架。他的理论具有一定的价值,但仍没有阻止怀疑论者质疑它。这时候就需要理性的批判,需要批判的自我反省。康德接受了这一挑战并最终系统地提出了批判的知识论,真正把理性主义和经验主义综合起来。康德力图克服唯理论和经验论各自的片面性,认为只有当理性主义的逻辑思考和经验主义的感观经验一起作用时,才会产生知识。他提出"由于综合不能先天地达到与它相应的直观,从它也就不能产生任何做出规定的综合命题,而是只能产生一种可能的经验性直观之总和的原理"。他把先天形式和后天经验相结合所产生的科学知识称为"先天综合判断"。[1] 英国哲学家罗素对知识的观念不同于19世纪末20世纪初追随康德的哲学家们,他提出"人类的全部知识都是不确定的、不精确的和片面的",他于1948年发表的哲学著作《人类的知识:其范围与限度》集中体现了他对知识不确定性的思考。[2]

20世纪以来,随着以信息化为特征的高新技术革命的到来,"知识"日益成为人们关注的焦点,各国辞典、专家学者、国际组织纷纷对"知识"进行了规范化的定义。美国教育学家杜威在为《教育百科全书》所撰写的"知识"词条中这样写道:"知识(knowledge),是一个涉及范围最广的术语……它包括各种操作(operation)和学科(subject matter),然而,这些操作和学科至少包括两个共同因素,即与智力(或反思)有某种直接或间接的联系,以及与确定性、可靠性、确信性、固定

---

[1] 李秋零.康德著作全集(第3卷)[M].北京:中国人民大学出版社,2004:524.
[2] 洪晓楠,于成学.论西方哲学对知识本质的探索[J].大连理工大学学报(社会科学版),2004(3):69-73.

性有某种直接或间接的联系。"①美国学者达文波特和普鲁萨克认为："知识是一种有组织的经验、价值观、相关信息及洞察力的动态组合，它所构成的框架可以不断地评价和吸收新的经验和信息。"②英国学者朗特里从教育学角度强调知识是"个人经过生活经验和经过教育所获得的见闻与认识的总体"。美国社会学家贝尔认为，知识是"对事实或思想所提出的一套有系统的阐释及合理经验性结果"。美国学者卢普则从哲学认识论角度，把知识定义为"根据已认识的事物所做的客观解释"。③

中国现代知识理论在一定程度上脱胎于西方传统知识论，同时又受中国传统哲学源流的影响。张东荪的《认识论》是中国哲学史中第一部真正意义上的认识论专著，对柏拉图、笛卡儿、康德、胡塞尔、柏格森等西方哲学家的思想都有所涉猎。贺麟的《知行合一新论》突破了传统知行理论囿于伦理道德范畴的狭隘性，强调了知行关系中"知"的重要性，提出了"自然的知行合一观"，突破了中国传统哲学在知识论上的局限性。④ 中国现代知识相关研究的集大成者是金岳霖，他虽然没有直接回答何谓知识，但他的《知识论》一书以严密的逻辑思维构建了一个庞大的知识理论体系，揭示了知识事实是关系事实，知识等同于真命题，他立足于常识，肯定知识之有，回答了知识的可能问题和知识的限制问题。⑤ 此后的中国学者也相继从不同视角对这一问题进行探讨。昌家立从认识论角度提出："所谓知识，就是认识主体用内在认识图示结合、同化认识客体而再现出来或原则上可以再现出来的被观

---

① 张华.课程流派研究[M].济南:山东教育出版社,2000:47.
② 冯之浚.知识经济与中国发展[M].北京:中共中央党校出版社,1998:38.
③ 孙恒志.从已有知识定义的缺陷看知识定义的科学整合[J].山东科技大学学报（社会科学版）,2002(3):14-17.
④ 胡军.知识论[M].北京:北京大学出版社,2006:351.
⑤ 崔治忠.金岳霖的知识概念及相关比较[J].吉首大学学报（社会科学版）,2015(4):20-30.

念化、被符号化了的有序信息组合。"①鲍宗豪认为:"知识是人的观念的总和,这些观念反映了人从理论上有目的地反映和把握对象的过程。"②陈嘉明将当代西方知识论中的一个新研究方向"德性知识论"(virtue epistemology)引入中国,在已有的内在主义义务论与外在主义可信赖论的基础上,运用伦理学的基本概念,尤其是亚里士多德的"德性"概念,来解释规范性认识的产物,将知识定义为:"产生于认知德性的真信念。"③石中英在《知识转型与教育改革》一书中引入了"缄默知识""知识型""知识转型"等概念,通过对三次知识转型的分析研究,剖析了人类知识增长与教育思想演化的关系。

二、德育相关研究与美德可教问题

我国历来重视道德教化,但一般认为"德育"概念是由西方传入,在我国的出现始于19世纪末20世纪初。"德育"一词的英语表述为moral education,字面直译为道德教育,虽然在长期的使用语境中似乎更多地把"德育"置于中国文化背景中,但事实上"德育"和"道德教育"两种表述难以严格区分,在很多场景中存在大量混用,考虑到研究表述的一致性,本书无特别说明的一般使用"德育"一词。据班华主编的《现代德育论》考究,中国最早使用"德育"这一专门术语的是1902年的《京师大学堂章程》,其中规定"外国学堂于知育体育之外,尤重德育"。在中国最早使用德育概念的是近代思想家王国维,他在1904年向国人介绍叔本华的教育思想时使用了"德育"与"智育""美育"三词;直至1906年,他才在《论教育之宗旨》一文中明确提出了"德育"这个概念术语,并把它与"智育""美育""体育"相提并论。④

德育是教育的重要组成部分,中华人民共和国成立后,德育实践

---

① 昌家立.试论知识的本质[J].青海社会科学,1995(4):50-55.
② 鲍宗豪.知识与权利[M].上海:上海人民出版社,1996:49.
③ 陈嘉明.德性知识论[J].东南学术,2003(1):116-123.
④ 曾昭皓.德育动力机制研究[D].西安:陕西师范大学,2012:30.

和德育研究经历了曲折的发展历程,先后提出了德育为首、德育为先、德育为根、立德树人,从战略高度定位学校教育的使命。[①]要研究大学德育问题,先要对国内外的德育研究有一个概览性了解。

(一)国外的德育相关研究

18世纪七八十年代,德国哲学家康德把遵从道德法则培养自由人的教育称为"moralische erziehung",德语直译为道德教育,简称德育。与康德同时代的裴斯泰洛齐也曾使用过德育一词。1860年,英国著名学者斯宾塞在他的《教育论》一书中把教育明确划分为三个部分,即智育(intellectual education)、德育(moral education)、体育(physical education)。从此,德育逐渐成为一个教育界的基本概念和常用术语。[②]

国外德育相关的理论成果丰硕、枝蔓庞杂,笔者尝试梳理了几个理论基点较明晰且对当代中国德育实践借鉴意义较大的流派,归纳如下。

一是认知主义流派德育思想。该流派的代表人物是皮亚杰和科尔伯格。他们在研究中发现,道德发展与认知发展之间有着密切关联,认知发展的水平关系到道德发展的水平,因此实施德育的重要任务就是促进学生道德认知的发展。皮亚杰认为,儿童的道德是从低级到高级发展的过程,其将儿童的道德判断发展分为自我中心、权威、可逆、公正四个阶段。在皮亚杰的研究基础之上,科尔伯格把儿童道德判断分为前习俗水平(服从与惩罚的道德定向阶段、相对的功利主义的道德定向阶段)、习俗水平(人际和谐的道德定向阶段、维护权威或秩序的道德定向阶段)和后习俗水平(社会契约的道德定向阶段、普遍原则的道德定向阶段)三个水平六个阶段。科尔伯格认为,儿童道德

[①] 杜时忠,孙银光,程红艳.德育研究70年:回顾与前瞻[J].教育研究,2019(10):17-26.

[②] 黄向阳.德育原理[M].上海:华东师范大学出版社,2000:2-3.

成熟的标志"是他具备自我独立做出道德判断并提出道德原则的能力,而不是依靠他人的道德判断的能力"①。认知主义流派的德育理论揭示了道德认知的形态递进式发展过程,打破了传统德育灌输式教育方式的垄断,推动了主体性德育的发展。

二是人本主义流派德育思想。该流派的代表人物是马斯洛和罗杰斯。他们认为,德育乃至全部教育的目的是个体的"自我实现",德育就是一个促使"自我"形成的过程。人本主义流派德育思想注重对受教育者的个性、实践性和创造性的培养,反对机械训练和灌输式的德育方式,主张从受教育者的直接经验出发,强调个体选择自身需要的德育内容,将其内化成自己的思维模式,并将其付诸实践。马斯洛认为,人作为一个有机整体,具有生理、安全、归属与爱、自尊、自我实现等多层次的需要,其中自我实现的需要是超越性的,追求真、善、美,将最终导向完美人格的塑造。罗杰斯"以学生为中心"的教育思想是第二次世界大战以来最具影响力的教育思想之一,他提出"非指导性教学",认为教师与学生是不存在主客体之分的平等关系,应该营造轻松的课堂氛围和建立平等的师生关系,把教学的重点放在启发学生的自主性和创造性上。这些观点对当代教育体系影响深远。

三是实用主义流派德育思想。该流派的代表人物是杜威。他从实用主义经验论和机能心理学出发,批判了当时与社会生活完全脱节的传统教育思想,并在此基础上提出了他对教育本质的核心认知,即"教育即生活"和"学校即社会",强调从实践中学习。德育理论是杜威实用主义教育理论的重要组成部分,主要体现在他的《教育中的道德原理》《学校与社会》《民主主义与教育》等著作中。他认为,德育的目的是培养良好的公民,德育的内容应以社会生活为主,"只有当学校本身是一个小规模的合作化社会的时候,教育才能使儿童为将来的社会

---

① 时美英.流派·特征:当代欧美德育理论研究[J].江苏高教,2018(4):76-79.

生活作准备"①。他批判传统学校致力于传授"关于道德的观念"而忽略了"道德观念",根本无助于儿童道德品质的养成,他提出德育的基本原则应该是"以儿童为中心"和"从做中学"。② 实用主义流派德育思想强调尊重受教育者的个性,注重社会实践,从而推动了当时的学校德育改革。

四是"个性全面和谐发展"德育思想。该流派的代表人物是苏霍姆林斯基。他认为,学校教育的目标就是要实现受教育者的个性全面和谐发展,使受教育者成为社会进步的积极参与者,"培养全面发展的、和谐的个性的过程中,教育者在关心人的每一个方面、特征的同时,任何时候也不要忽略人所有方面特征的和谐,这些特征都是由某种主导的、首要的东西所决定的。在这个和谐里起决定、主导作用的是道德"③。他提出,学校教育的目标就是培养社会主义新社会的公民和"个性全面和谐发展的人",要实施德智体美劳的全面教育,让这几方面的教育相互交织、有机统一,并以道德教育为主线,贯穿学校的全部教育和教学工作。④ 苏霍姆林斯基倡导通过培养良好的道德习惯、丰富的道德情感、坚定的道德信念,进而实现道德行为的产生。他关于德育过程"知情意行"相统一的理念被我国德育学界普遍认可,对我国的德育实践产生了深远影响。

(二)中国的德育相关研究

自德育概念传入中国后的百余年时间里,从学习借鉴西方德育思想,到摸索拓展中国特色的德育实践与研究,特别是在中华人民共和国成立之后,中国逐渐探索走出了一条具有中国特色的社会主义德育道路。纵观国外的德育相关研究,从概念源头追溯,"德育"作为"道德

---

① 杜威.杜威教育论著选[M].赵祥麟,王承旭,编译.上海:华东师范大学出版社,1981:320.
② 苏振芳.思想道德教育比较研究[M].北京:社会科学文献出版社,2011:136.
③ 李萍,林滨.比较德育[M].北京:中国人民大学出版社,2009:88-89.
④ 苏振芳.思想道德教育比较研究[M].北京:社会科学文献出版社,2011:137.

教育"的简称,通常是指以品德教育为重点的狭义的德育,又称"小德育",这与我国教育界普遍认可的、具有较强意识形态性的广义的德育,即"大德育"概念有联系也有区分。在中国学者中,广义的德育概念,即所谓的"大德育"已成为普遍认同并使用的概念。何为"大德育"？顾明远主编的《教育大辞典》将"德育"释义为"旨在形成受教育者一定思想品德的教育。在社会主义中国包括思想教育、政治教育、道德教育"[①]。鲁洁、王逢贤在《德育新论》中提出,"德育是教育者根据一定社会和受教育者的需要,遵循品德形成的规律,采用言教、身教等有效手段,通过内化和外化,发展受教育者的思想、政治、法制和道德几方面素质的系统活动过程"[②]。本书所指的德育概念基本上是"大德育"的内涵,但这其实并不影响对国外德育理论及实践的论述,因为德育的内容本来就是带有历史性、地域性、民族性的。

中华人民共和国成立以后,伴随社会主义制度的建立完善,中国的德育研究经历了70余年的探索深化,其中标志性的历史节点是改革开放。改革开放前,中国的德育研究基本处于转型化改造阶段,改革开放后才逐步科学化、学科化。杜时忠等学者概括了我国在德育的社会主义转型化改造阶段所做的工作：一是全面学习借鉴苏联相关学者和教育家的德育理论及实践经验；二是批判改造中国传统道德,并围绕道德的阶级性、继承性等问题展开广泛论争；三是批判西方近现代德育理论,特别是对杜威道德教育理论进行批判；四是立足于我国社会主义实践和学校教育的实际需要,尝试建立系统的社会主义、共产主义德育理论。经过这一阶段的探索,学者提出了社会主义德育理论的一些基本命题,如德育要以社会主义、爱国主义、集体主义教育为核心等。[③]

---

① 顾明远.教育大辞典(第1卷)[M].上海:上海教育出版社,1990:97.
② 鲁洁,王逢贤.德育新论[M].南京:江苏教育出版社,1994:95.
③ 杜时忠,孙银光,程红艳.德育研究70年:回顾与前瞻[J].教育研究,2019(10):17-26.

20世纪80年代,中国的德育研究总体处于科学化建构阶段。潘懋元先生提到,"改革开放后,大家痛定思痛,反思经济处于崩溃边缘的原因是违反经济规律",同理,"教育是重灾区,同样是违反了教育规律办事,不管是大学校长还是教育部门都在思考如何按照教育规律办教育"。① 为了重新理顺改革开放前被干扰和破坏的学校德育课程,教育部于1980年印发了《关于改进和加强中学政治课的意见》,并于1982年发布了中学四门政治课的教学大纲试行草案,这对于恢复德育课程的正常教学秩序有着关键作用。同时,为适应改革开放后西方资产阶级思想在意识形态领域的渗入,1982年10月,教育部发布了《关于在高等学校逐步开设共产主义思想品德课程的通知》,从此思想品德课在各高等学校广泛开设,成为对大学生有计划地进行理想、道德、人生观和价值观教育的重要阵地。② 1984年4月,教育部首次批准南开大学、武汉大学、中山大学等12所重点院校增设思想政治教育专业,进行试点招生,中国高等学校思想政治教育研究会于同年成立。1985年,中国教育学会教育学分会德育论专业委员会成立,大学德育学科建设及相应科学化研究进一步展开。③

20世纪90年代,中国的德育研究总体处于现代化建构阶段。学者试图在借鉴西方德育理论与实践的基础上勾画出现代德育的理想特征,如1994年鲁洁、王逢贤主编的《德育新论》,1996年班华主编的《现代德育论》,1997年戚万学、杜时忠编著的《现代德育论》等著作或教材,均试图围绕现代德育构建、促进德育现代化的中心议题进行探讨。④ 在这样的大背景下,道德认知理论、建构主义德育理论、价值澄

---

① 潘懋元.对高等教育若干问题的思考——潘懋元先生访谈[J].西北工业大学学报(社会科学版),2018(2):26-30.
② 李霞.新中国60年学校德育课程的回顾与前瞻[J].江汉大学学报(社会科学版),2010(4):90-95.
③ 邱宁.高校德育60年回顾与简评[J].江苏社会科学,2009(S1):36-40.
④ 杜时忠,孙银光,程红艳.德育研究70年:回顾与前瞻[J].教育研究,2019(10):17-26.

清理论、体谅关心道德教育理论等西方德育理论与实践被大量引入中国,成为德育现代化探索的重要基石。班华在1999年发表的《近十年来德育思想现代化的进展》中对这一阶段的研究成果进行了总结,提出现代德育与传统德育的根本区别是现代德育具有"主体—发展性",并从现代德育的性质与功能、过程、内容、方法、课程论等方面进行了全面阐述。其中,他还特别提到了德育的政治功能,提出"应立足于全球来认识现代德育功能问题,为了全球的、全人类的利益,必须超越国界,超越民族、文化、宗教和社会制度的不同,为人类共同的长远的利益,也为本国、本民族的自身利益,同舟共济,通力合作。所以,现代德育政治功能主要在于促进社会公正、和谐,维护国际和平、合作、团结"[①],这对于在20年后的今天思考德育的作用,依然具有很强的现实意义。

迈入21世纪,中国的德育研究日益呈现出多元化、本土化特点。以在德育研究中占据较大比重的"高校德育"为例,在中国知网全文期刊数据库(CNKI)中以"高校德育"为主题,将论文的检索时段设定为1979年1月1日到2020年12月31日,将论文来源类别设定为"全部期刊论文",对收录的论文设定在精确匹配模式下进行检索,共筛选出了与研究主题密切相关的论文13562篇,其中2000年1月1日后发表的论文数量为11758篇,占比为86.7%,远高于其他时期。这一方面体现了我国高等教育和学术研究的蓬勃发展态势;另一方面也展现出了德育研究的升温趋势。对这些数量庞大、观点纷呈的论文进行主题归纳,可以将其主要概括为以下四类:一是对德育基础的研究,如理论基础、社会基础、心理基础等;二是德育的本体论研究,如德育的意义与地位、本质与功能、目标与内容等;三是德育的应用性研究,如德育课程的建设和评估,德育工作的方法与效果等;四是中外德育比较研究。有学者指出,进入21世纪,由于我国经济、社会、教育、文化等

---

① 班华.近十年来德育思想现代化的进展[J].教育研究,1999(2):18-22.

领域的快速发展与巨大变化,伴生了环境污染、道德滑坡等诸多问题,德育研究需要不断回应本土性需求,从而促进了德育研究的本土化建构。德育研究者审视着伴随现代化过程出现的经济主义、唯科学主义、极端个人主义、工具理性至上及人类中心主义等问题,立足中国德育实践场域,生发出多种德育理论流派,形成了百花齐放的局面,如生活德育论、活动德育论、情感德育论、公民德育论、制度德育论等。①

(三)美德是否可教命题探析

但凡论述德育相关问题,特别是涉及道德与知识相互关系的命题时,往往会涉及"美德是否可教"这个在德育研究领域争论颇多的前提性问题。在柏拉图的《美诺篇》中,美诺向苏格拉底提问:"能告诉我吗?苏格拉底,人的德性是某种可教之物?或者,如果不可教,是某种可以靠训练获得之物?或者,如果它的获得不可能靠训练或者学习,难道它来到人身上是靠天性或其他什么途径?"②苏格拉底和美诺在一问一答中提出了"如果德性可教,那么德性是知识"③的经典命题,第一次将道德与知识二者紧密联系起来。由此始发,美德是否可教问题成为众多哲学家、教育家关注的基础问题之一。卢梭认为美德可教,他在《爱弥儿》中以批判的态度揭示了矫揉造作的道德表演者,倡导培养真正的道德人④;康德在《道德形而上学》《实践理性批判》等著作中均提到了德性能够并且必须被教授;杜威则主张美德学习源自生活体验和道德实践,并由此得出美德并不可教;至于麦金泰尔、赫斯特豪斯、谢勒等当代西方美德伦理学家,虽然他们对美德的特性、构成、培养路径等问题有各自不同的观点表达,但其论述基础是对美德可教观点的

---

① 杜时忠,孙银光,程红艳.德育研究70年:回顾与前瞻[J].教育研究,2019(10):17-26.
② 克莱因.柏拉图《美诺》疏证[M].郭振华,译.北京:华夏出版社,2011:41.
③ 克莱因.柏拉图《美诺》疏证[M].郭振华,译.北京:华夏出版社,2011:252.
④ 刘小枫,陈少明.美德可教吗[M].北京:华夏出版社,2005:10.

认同。①

与西方从古至今对美德是否可教问题的众说纷纭相比，中国自古以来重视对道德的教化，似乎已将美德可教作为一个隐含的既定基础予以认同，人们更多地专注于探讨"美德如何教"这一问题。近代以来虽然也出现了一些质疑"美德是否可教"的观点，但更多是基于对道德现状的反思，是源自德育有效性的困惑，而这种困惑与数千年前苏格拉底、柏拉图等对美德是否可教问题的困惑无疑不是发端于同一个层面。苏格拉底试图"把美德同知识等同起来，通过知识的客观性、普遍性与确定性来推论出道德的普遍性与确定性，这表达了苏格拉底对美德本质的真切理解，即善与真的统一"②。但在中国，儒家所倡导的"言传身教""人皆可以为尧舜"从一开始就跳过了对可能性的论辩而进入了对方法论的探讨。有学者认为，中西方在美德是否可教问题上之所以会存在根本态度与表现的差异性，主要原因有三点：一是对于什么是"美德"存在不同见解；二是对于什么是"教"存在不同理解；三是对于德育主阵地是学校还是社会存在不同分析。③ 还有学者提出，之所以会存在这种差异性，究其根源还是中西方历史、文化、政治的差异性，这种源于历史传统的区别也会贯穿体现于本书的方方面面。

三、共同体相关研究与德育共同体

对共同体的论述与研究由来已久，尤其是2012年"人类命运共同体"这一全球价值观被正式提出之后，中国学界迅速掀起了一股"共同体"研究热潮。考虑到后文的论述展开需要，这一部分不仅会梳理共同体这一概念的发展脉络，还会适当对知识共同体、德育共同体及部

---

① 沈丹.马克思人学思想视域下的美德教育[D].杭州：浙江大学，2018：20.
② 张济洲，黄书光.美德是否可教——论苏格拉底的德性教化[J].教育研究，2013(4)：76-81.
③ 杨璞.中西方"美德是否可教"问题比较研究——基于社会格局差异的视角[J].中国德育，2018(5)：16-20.

分相关概念进行阐释。

(一)共同体的概念与特征

"共同体"一词源于古希腊语 koinonia,原意为城邦设立的市民共同体。[1] 亚里士多德在《政治学》一书中,将城邦(polis)归属为共同体(koinonia)的一种,他在该书开篇即写道:"所有城邦都是某种共同体,所有共同体都是为着某种善而建立的(因为人的一切行为都是为着他们所认为的善),很显然,由于所有的共同体旨在追求某种善,因而,所有共同体中最崇高、最有权威并且包含了一切其他共同体的共同体,所追求的一定是至善。这种共同体就是所谓的城邦或政治共同体。"[2] 可见,共同体的概念自形成之初,便被认为是"善"的代表,这种积极意义一直延续至今。人们一般习惯将共同体一词用于中性或带有褒义色彩的语境之中,如命运共同体、信仰共同体、知识共同体等,而在带有晦涩含义的语境中一般倾向使用其他概念,如利益集团、政治联盟等。

在古罗马时代,另一个表示"共同体"的词 communitas 出现在西塞罗的《论义务》中,但是并没有定义精确的含义,在西塞罗的《论法律》中,则使用"communitas"表示具有公共性质的集体会议。在中世纪,这个词是指一个由个体组成的团体,这些个体通过或基于他们之间相互联系的共同行为,构成了一个或多或少制度化了的群体。[3] 由此,我们可以寻觅到共同体的另一个重要特征,即个体间的相互联系。

我们一般认为著名德国社会学家滕尼斯建构了现代意义上的共同体概念,他的代表作《共同体与社会》一书在对"共同体"和"社会"这两个既相互联系又明显区别的概念进行阐述的同时,对"共同体"进行了界定。他认为,"通过这种积极的关系而形成族群,只要被理解为统一的对内和对外发挥作用的人或物,它就是一种结合。关系本身即结

---

[1] 马俊峰.马克思社会共同体理论研究[M].北京:中国社会科学出版社,2011:23.
[2] 亚里士多德.政治学[M].颜一,秦典华,译.北京:中国人民大学出版社,2003:1.
[3] 马俊峰.马克思社会共同体理论研究[M].颜一,秦典华,译.北京:中国社会科学出版社,2011:23-24.

合,或者被理解为现实的和有机的生命——这就是共同体的本质"①,重点强调了人与人之间的积极关系,认为因其对共同体的归属感和认同感,使共同体成为一种持久的和真正的有机结合。在共同体的特征表述上,滕尼斯提出了一个重要的概念:默认一致。他认为,"所谓默认一致是对于一切真正的共同生活、共同居住和共同工作的内在本质和真实情况的最简单的表示"②。这种默认一致的基础是共同目标和共同价值,是内化与外化的统合,这无疑比司各脱在论述共同体时所说的"主体间的约定"、比马基雅维利提出的"契约共同体"要更进一步。

马克思在其一生的革命实践和理论研究中形成了有关共同体的丰富论述和观点体系,在社会形态、人的发展、所有制等重大问题的研究上都没有离开对共同体的探索和考察,但马克思在著述中并未对共同体这一概念做出明确界定,对共同体的具体形式、特征等论述也较庞杂。马克思有时会把原始群、氏族、家庭、部落、农村公社、国家、阶级、货币、资本甚至共产主义社会等视为共同体,这是特定含义的共同体范畴,有时他又会把共同体范畴作为这些不同形态的统称。可见,在马克思的著述中,共同体是一个宽泛的概念,必须与其所论述的特定语境关联起来进行理解。马克思将共同体从阶段上划分为"自然形成的共同体""抽象共同体""虚幻共同体"和代表未来的"真正共同体",而只有在自由人联合而成的"真正共同体"中才能实现人的自由全面发展。③ 马克思对"真正共同体"的论述对本书具有重要意义,人的自由全面发展也是我们在探讨德育共同体时所立足的重要基石。

(二)知识共同体及相关概念

前文已经分别论述了知识和共同体的概念,现在要对本书中将反

---

① 滕尼斯.共同体与社会:纯粹社会学的基本概念[M].林荣远,译.北京:北京大学出版社,2010:43.

② 滕尼斯.共同体与社会:纯粹社会学的基本概念[M].林荣远,译.北京:北京大学出版社,2010:60.

③ 秦龙,赵永帅.从马克思共同体到人类命运共同体:理论逻辑与实践图景[M].沈阳:辽宁人民出版社,2019:3-18.

复出现的知识共同体及部分相关概念进行厘定。

知识共同体的概念源自西方,虽然中国学者常将其按照字面意思翻译为 knowledge community,但通过英文文献检索、比对等方式进行确认,其实在以英语为母语的国家,知识共同体这一概念的常用表述是 epistemic community。关于这一点,庞中英教授也曾撰文指出:"应该翻译它(epistemic community)为'知识共同体'(有人也翻译为'认识共同体')。在西方的社会学中,'知识共同体'是个比较常见的术语,比如在社会学家 Barry Wellman 的著作中。一般地,某个人属于某个'知识共同体',一般指的是该人至少认同、分享这个共同体的一些最基本东西(概念与原理)。知识工作者(即知识生产者)一般拥有他们自己的知识共同体,他(她)们对这个共同体具有归属与认同感。"[①] 相较于西方而言,中国学术界对"知识共同体"的研究并不算多,且大部分仅限于对知识共同体概念的借用,真正有建构性的专题研究较少。例如,何琳从知识论视角进行研究,提出知识共同体是人类认识总体的知识体系,它能够把各部门学科整合于一个互相呼应、彼此贯通的统一体。[②] 王雎、罗珉主要从组织学视角进行研究,认为知识共同体是信息时代的一种中间组织,它以核心企业为主导,吸纳与聚合其利益相关者进行知识创造与分享,通过特有的组织规则与组织结构实现知识的开放式创新。[③]

可能是因为存在翻译壁垒,也可能是受中国语言传统习惯的影响,中国学术界似乎同时使用着若干个与"知识共同体"相似的术语,如学术共同体、科学共同体、认知共同体等,还有一些似乎距离远些但仍有着密切联系的概念,如学习共同体、教学共同体、教育共同体等。

---

① 庞中英."学术界"与"epistemic community"——给《学术界》杂志的几句学术闲话[J].学术界,2003(3):135-136.
② 何琳.略谈知识共同体[J].哲学研究,1992(7):37-39.
③ 王雎,罗珉.知识共同体的构建:基于规则与结构的探讨[J].中国工业经济,2007(4):54-62.

根据前文对共同体概念的历史梳理来看,知识共同体至少应该具备"共同善""相互联系""默认一致"三个基本特征。因此,笔者将知识共同体定义为:在特定知识领域,以知识为共同追求、联系纽带、内化准则的个体的有机结合。与知识共同体这一概念相比,学术共同体概念更侧重具有研究意蕴的高深知识领域,而科学共同体概念的范畴似乎更窄,偏向于形容由科学家有机结合而成的群体。因此我们在以大学为研究视域时,使用知识共同体这一概念更能准确表述大学的本质,也能更完整地联结起共同体中的个体。

(三)德育共同体理念的提出

在高等教育领域,学界的研究目光一直聚焦于知识共同体、学术共同体、学习共同体等大学场域中的普适性存在,而事实上,当今中国大学独具特色的发展历程正孕育着一个特殊的共同体——德育共同体。所谓德育共同体,指的是全体成员以共同道德信仰和价值认同为基础,以共同德育目标驱动的多元主体的有机结合。

中国特色社会主义进入新时代,社会主要矛盾转化为人民日益增长的美好生活需要和不平衡不充分的发展之间的矛盾,投射到高等教育领域,如何积极融入"新时代"、迎接"新挑战"、实现"新发展",是中国特色社会主义大学无法回避的"新课题"。习近平总书记在2021年第24期《求是》杂志上撰文强调:"当前,我国进入了全面建设社会主义现代化国家、向第二个百年奋斗目标进军的新征程,我们比历史上任何时期都更加渴求人才……国家发展靠人才,民族振兴靠人才。我们必须增强忧患意识,更加重视人才自主培养,加快建立人才资源竞争优势。"[1]立德树人、以生为本、德育为先等一系列共同理念逐步成为全国高校的办学共识,高校"德育共同体"的价值观基础初步形成。

"德育共同体"作为一个崭新的研究领域,直接相关的研究成果屈

---

[1] 习近平.深入实施新时代人才强国战略 加快建设世界重要人才中心和创新高地[J].求是,2021(24):4-15.

指可数,主要于2018年后公开发表。2018年4月,《德育共同体:内涵、特征与时代使命》一文提出构建中国特色世界一流的高校德育工作体系是中国大学德育共同体最为重要的时代使命,认为"德育共同体是基于一致的道德信仰和价值认同,为了完成共同的德育目标,由群体成员共同参与,通过多种媒介体系或场域体系相互作用,以多主体互动合作、资源共享为基本准则,在培养有德性的人的社会实践活动中形成的有着强烈的责任感和归属感的生命有机体"。[1] 2018年8月,《论高校德育共同体的三重意蕴》一文指出"中国大学具有中国特色的关键在于它的德育共同体性质",并进一步将其解构为目标一致性导向的价值共同体、主体交互性建构的关系共同体、集体协同性生成的实践共同体。[2] 2019年7月,《构建基于"知识共同体"的"德育共同体"——高等学校立德树人的二维耦合》一文重点论述了德育共同体和知识共同体在高校场域中的耦合问题,提出在以立德树人为根本任务的中国高等学校中,要将高等学校德育工作置于知识视野下进行审视,从道德与知识的互动关系入手,构建基于"知识共同体"的"德育共同体"。[3] 2019年9月,《德育共同体:中国特色社会主义大学的新认知》一文指出,应将中国特色社会主义大学视为德育共同体,立足于共同善的伦理诉求,强调多元主体的道德责任和自我建构的本质要求,将集体协同作为内在逻辑,突出全员、全过程、全方位育人的重要性。[4] 2020年6月,《德育共同体视角下高校思想政治教育协同育人机制探究》一文延伸了德育共同体理论中关于多元主体互动关系的探讨,提出了思想政治教育协同育人机制的分析框架,界定了科层制协

---

[1] 吕成祯,任少波.德育共同体:内涵、特征与时代使命[J].国家教育行政学院学报,2018(4):41-46.
[2] 任少波,楼艳.论高校德育共同体的三重意蕴[J].高等教育研究,2018(8):86-90.
[3] 任少波,单珏慧.构建基于"知识共同体"的"德育共同体"——高等学校立德树人的二维耦合[J].教育研究,2019(7):44-50.
[4] 任少波,吕成祯.德育共同体:中国特色社会主义大学的新认知[J].浙江大学学报(人文社会科学版),2019(5):5-12.

同、沟通性协同、约束性协同和战略性协同四种协同机制,为突破高校思想政治教育协同育人的现实壁垒提供路径参考。① 2021年5月,《道德教育共同体:学校道德教育的公共性建构》一文从公共性的视域审视学校道德教育,认为学校道德教育共同体作为现代性视域下意义重建的共同体,秉持公共价值优先的德育价值导向,倡导公共性的德育主体间关系,构筑公共交往的德育实践情境,在理论上有助于摆脱学校道德教育的公共性困境。②

除了以上这些相对有承续性的研究成果,还有三篇论文对本书具有一定借鉴意义。《高校德育共同体建设的生态路径选择——来自怀特海和杜威的启示》一文在生态思维的视域下,借鉴怀特海和杜威的相关理论对"德育共同体"进行研究,认为德育共同体是以诸个体间、个体与共同体、共同体与社会环境之间有机关系的发展为纽带展开的动态生成过程。③《高校德育共同体构建的策略分析——基于社会资本理论视域的探讨》一文在社会资本理论视域下对"德育共同体"进行研究,提出高校德育共同体是致力于大学生德性养成而形成的正式与非正式组织,认为当前高校德育共同体构建存在着构建意识缺失、规范缺失、社会信任缺失、忽略社会关系网络构建等问题,并提供了应对策略:高校德育机构在共同体构建中应担负起主要的责任,特别是主动构建良好的社会关系网络;加强对德育共同体构建的规范性建设;让全社会充分认识构建德育共同体的价值;通过社会信任建设促进德育共同体的构建。④《共同性的反思与超越:基于对德育共同体的承认

---

① 楼艳.德育共同体视角下高校思想政治教育协同育人机制探究[J].学校党建与思想教育,2020(11):37-40.
② 任少波,范宁宇.道德教育共同体:学校道德教育的公共性建构[J].教育研究,2021(5):66-76.
③ 涂丽平.高校德育共同体建设的生态路径选择——来自怀特海和杜威的启示[J].广西社会科学,2014(6):201-205.
④ 童志坚.高校德育共同体构建的策略分析——基于社会资本理论视域的探讨[J].教育评论,2014(8):84-86.

研究》一文分析了在共同体对共同性的建构过程中,德育共同体面临的自我中心主义社会道德冷漠泛滥所致的"陌生人"现象、极权主义霸权欺凌所致的"边缘人"现象、物化所致对技术过度依赖的"虚拟人"困境,认为对共同性的反思与批判有助于我们从社会规范领域分析情感认同危机、身份认同危机和价值认同危机的深层根源,并提出要从道德实践出发重构共同体的德育关系:一方面,基于自我实现的规范要求来研究德育共同体认同问题,以规范—正义的主体间性建构社会承认的规范理论框架,推进德育共同体理论的生发;另一方面,真正消解对德育共同体总体化和实体化的建构方式,从病理分析的角度解构"陌生人""边缘人"和"虚拟人"的困境,不断合理建构德育共同体。[①]

第三节　研究方法与思路

本书植根中国特色社会主义大学的发展需求,以思想政治教育基本原理与方法论、知识社会学、马克思主义人学理论、共同体理论等为主要基石,在一定程度上借鉴了教育学、社会学、心理学、哲学等相关学科理论,通过文献研究、历史研究、比较研究、实践分析等方法,尝试研究如何构建耦合于知识的大学德育共同体。

一、研究方法

本书坚持以马克思主义理论为指导,坚持系统辩证的观点,基于知识向度对大学德育进行综合研究。具体过程中主要采用以下几种研究方法。

(一)文献分析法

收集国内外相关专著、论文、调查报告、档案文献资料等,并对收

[①] 陈开林.共同性的反思与超越:基于对德育共同体的承认研究[J].南京政治学院学报,2017(6):125-128.

集到的文献资料进行梳理、分析和归纳,在前人研究的基础上提出本书的核心观点、研究思路和方法。

(二)历史研究法

本书的研究视角在一定程度上受到了知识社会学的启发,将知识置于历史发展的长河之中,结合特定的社会文化特征进行研究,以此更好地把握大学场域中知识与道德的关系,也由此明晰了中国大学的德育走向为何与西方传统道路"殊途不同归"。

(三)比较研究法

本书梳理比较了中外大学发展历程,总结了部分国外大学的德育实施经验,依托哲学、教育学、心理学、社会学等学科的相关理论,深入剖析大学德育与知识的关系,尝试探讨在当代中国历史社会大背景下,构建耦合于知识的大学德育共同体。

(四)理论与实践结合的方法

本书总体归属于理论研究,但以大学德育现状为基础,结合了笔者十余年的大学德育工作实践与思考。因此,本书并不是纯粹的理论推导,而是基于问题导向的应然与实然结合,从理论与实践两个维度探讨中国大学德育共同体的构建问题,力求理论与实践的有机统一。

二、研究思路

本书主要关心并探讨的是中国大学的德育问题,这是一个涉及范围非常广泛的系统性问题,可以纵向地从历史角度进行研究,可以横向地从比较角度进行研究,还可以用解剖的方法选取其中任意一个要素或环节进行研究。笔者选取了一个相对较少有人关注的视角,聚焦知识向度对大学德育进行历史的、比较的、理论的、实践的多维度综合研究。这个领域的论文高频词汇如图1.1所示,通过图1.1可以比较直观地看出本书论述的关键词汇。

图 1.1　论文高频词汇

本书从大框架来看,除第一章是总括性的背景介绍与文献综述之外,可以大略分为前后两个部分:前一部分包括第二章和第三章,主要阐述一般意义上的大学及其与知识、道德的关系;后一部分包括第四章、第五章和第六章,主要立足中国大学的过去、现在与未来,深入探讨知识时代的大学德育走向问题。

第一章,绪论。这一章主要是对整个研究的背景、意义、思路、特点等进行整体介绍,同时非常重要的一节内容是总结梳理了已有的研究基础,重点围绕"知识""德育""共同体"这三个贯穿全文的核心概念分别做了文献综述,并在此基础上明晰了本书反复出现的"知识共同体"与"德育共同体"这两个重要概念的定义。

第二章,以知识为基的大学共同体。这一章以时间轴为序,从人类出现、知识产生、大学孕育开始,一直论述到现代社会的大学发展状态,将大学的历史与人类社会的发展结合起来,总体上按照中世纪大学、近代大学、现代大学这三个大的阶段进行阐述,并以知识这条主线串联起三个阶段,重点凸显了知识与大学间不可分割的天然联系,这也从侧面论证了为何本书要以知识为视角研究大学德育问题。

第三章,大学共同体中的道德与知识。这一章主要是从理论上对

29

研究主题进行建构，起到承前启后的联结作用。第一节通过对大学现代化转型过程中道德与知识关系的梳理，将大学与知识的天然联系扩展到大学、知识与道德的三方联动，这不仅是在前一章历史梳理基础上的深化，也为后文做了铺垫。第二节主要是从理论和实践两个层面分析道德与知识在大学中的耦合困境，也正是因为存在困境，所以要寻求破解。这就引出了第三节，将道德与知识统合于人的自由全面发展之中，并进而引出了大学德育共同体及其与知识的耦合问题。

第四章，中国大学德育共同体的历史基础。 从这一章开始，研究视角从普世意义的大学聚焦到中国大学这一特定范畴，阐述了中国大学德育共同体得以形成的历史基础。按照中国古代高等教育、西方大学制度引入中国、近代中国大学的变革、中华人民共和国成立初期大学的改造、改革开放至今的大学发展这五个历史阶段，对中国大学的发展历程，尤其是对深深植根中国传统文化之中、在中国大学发展过程中一直有着重要地位的德育发展史，进行了整体梳理。

第五章，中国大学德育共同体的时代面向。 这一章主要是将中国大学置于知识时代的大背景下考量德育的走向。通过探讨为何传统德育与知识时代对中国大学的要求无法匹配、为何中国大学的特性适宜构建德育共同体、什么是知识时代的中国大学使命等问题，引出本书的核心观点，即中国大学要构建耦合于知识的德育共同体。

第六章，构建耦合于知识的大学德育共同体。 这一章既是对大学德育共同体具体建构基础、路径、导向的论述，也是对未来的展望。第一节主要阐述了将个体知识结构的可塑性、多元主体知识结构的差异性作为大学德育共同体与知识相耦合的基础。第二节至第四节从过程角度进行论述，提出了场域耦合、能量耦合、系统耦合三大路径，并针对每一条路径都列举了现有的部分相关实践探索进行论证。第五节结合知识演进的趋势，即前沿性、整合性、实践性，对大学德育的未来趋向进行了展望与小结。

总体而言，本书通过梳理总结世界范围，特别是中国大学的孕育与发展过程,对道德、知识、大学三者间的互动关系进行了研究,结合中国大学的时代使命与现实基础,提出了要构建耦合于知识的大学德育共同体的观点。

第四节 研究难点与创新

在本书的写作过程中,笔者切实感受到了自身知识结构的有限性,以思想政治教育专业本、硕、博的单一学科背景来驾驭知识向度的研究,确实存在难度,但与此同时也体会到了拓展全新研究领域的独有乐趣。此外,本书的重点"德育共同体"也是一个几乎崭新的概念,基于这一概念开展研究,既具有开拓的创新意义,同时也因缺乏现成的理论支撑与研究基础而具有较大的研究难度。这双重难度叠加在一起,若能顺利破题,立足知识视角重新审视大学德育,或可成为本书的特色与创新。

第一,选题的创新性。本书首次将大学德育共同体的建构置于知识向度进行研究,全面梳理了大学与知识、道德的互动关系,深入探讨了道德与知识在大学发展历程中的应然关系与现实困境,明确提出当代中国大学要构建耦合于知识的德育共同体。

第二,观点的创新性。一是以"知识"为主线梳理了大学的历史发展脉络,提出对知识的保存、传承、创新、转化是现代大学的四大基本知识功能,并从大学知识功能演进的独特视角对大学的现代化发展进行了考察,提出了以知识创新为特征的第一次大学现代化转型、以知识转化为特征的第二次大学现代化转型。二是通过对历史与现实、理论与实践的分析总结,重新审视了当前大学在一定程度上存在德育与智育"两张皮"的问题,提出将大学德育工作置于知识视野下审视,探寻德育共同体与知识这一大学核心要素的耦合演进,是中国特色社会主义大学得以回应知识时代需求、保持蓬勃发展态势的必然方向。

第二章　以知识为基的大学共同体

当我们在中文语境里提及"大学"二字,一般有三种理解:一是中国古代高等学校,起源于西周;二是儒家经典著作《礼记》中的《大学》篇;三是对应英文中的"university",指高等学校的一种。[①] 本书所研究的"大学"是指第三种理解,但事实上,这一语义层面的"大学"也并不是自出现起就一成不变的。自12世纪在意大利和法国产生以来,大学的形式和使命不断地适应着当时当地的社会政治环境,适应着知识,特别是高深知识的演进历程。回顾大学的整个发展历程,可以让我们更加明晰为何要将知识作为构建大学德育共同体的基石。

第一节　大学的孕育与知识的传承

大学与知识的关系,可谓源远流长。从历史的角度来看,这二者的关联发展是一个绵延曲折的谱系,知识伴随着人类的出现而出现,大学则是伴随着知识的发展逐渐形成并演化至今,大学和知识在可预见的未来仍将密切互动延展。早在中世纪大学出现之前,肩负知识保存和传授使命的人或组织已经存在,最早甚至可追溯到部落与神话的时代。

---

① 顾明远.教育大辞典:增订合编本(上)[M].上海:上海教育出版社,1998:212.

一、原始社会和原始形态的知识

若要一直向前追溯,原始人对客观世界的混沌认知与改造,或许是一切的源头。人类是少数具有直立行走功能,从而解放双手以实现其他行为的动物之一。正如恩格斯所说,"随着手的发展,头脑也一步一步地发展起来,首先产生了对取得某些实际效益的条件的意识,而后来在处境较好的民族中间,则由此产生了对制约着这些条件的自然规律的理解"[①]。人类的大脑在漫长的进化中生成强大的抽象思维能力以总结沉淀这些"取得某些实际效益的意识"和"制约着这些条件的自然规律",即知识最初的形态。一方面,随着人体感官系统的不断发展,人类的感知能力和认知界限不断拓展,不断产生关于自然界及人类自身的新知识;另一方面,劳动的发展必然导向分工与协作,这就催生了人与人之间更为紧密的联系需要。当原始人类用他们不断发展的认知能力意识到这种交流的好处时,"说话"成了最水到渠成的便捷交流方式,最初形态的口头语言便形成了。大脑等器官的进化与劳动协作的需要让我们得以形成语言以便进行抽象意识的分享、交流、传递,并且发展出高度复杂化的社会和充满多样性的文化。原始社会是人类历史进程中的第一个社会发展阶段,伴随着人类的出现而出现,因其生产力的主要标志是石器工具的使用,因此通常被称为石器时代。这个阶段延续了约250万年,比之后至今的各个人类社会发展阶段加起来都要漫长得多,而且考古学上的新发现或许还会把这个节点继续向前推进。以现代人的眼光来看,当时的生产力水平极其低下,人的生理构造与现代有较大差异,这或许也是原始社会发展缓慢的原因所在。为何在以百万年计的漫长岁月里,人类的生产力裹足不前,而近几百年,人们时常感慨科技发展日新月异,这个问题的答案或许

[①] 马克思恩格斯选集(第三卷)[M].中共中央马克思恩格斯列宁斯大林著作编译局,译.北京:人民出版社,2012:859.

可以回到知识上来。

(一) 原始人与原始知识

石器时代一般可以划分为旧石器时代、中石器时代、新石器时代三个阶段,从人类出现至约1万年前,均属于旧石器时代。在整个旧石器时代,人类从能人逐渐进化到直立人、早期智人和晚期智人(或称现代智人、新人)。1868年在法国克罗马农最早发现了晚期智人化石,较前几种古人类,他们的眉脊减弱、颅高增大、颌部退缩、下颏明显,其体质特征与现代人类相差无几,且不同地区的人类已出现明显的人种差异。知识活动是需要以生物构造为基础的,故其自然难以逾越生物学上的漫长进化阶段。

旧石器时代的人类生产活动主要是获取食物。对于生活在现代社会的人们来说,食物和知识似乎没有太直接的必然联系,但在原始社会,人类主要依靠狩猎和采集获取食物,人类的生存与猎物的迁徙规律、植物的生长规律、自然界可食用的物种分布等经验知识密切相关。在考古发掘中已经出土了不少原始人类的遗迹和遗物,但我们只能依照这些仅存的碎石片与残损的痕迹,加上一些古代文献与神话传说的润色,拼凑出原始社会的轮廓。到了旧石器时代晚期,生产力持续发展,人类得以在同一片土地上持续获得生存资料,开始进入相对稳定的定居生活,人口逐渐增多,原先的原始人群为氏族公社所取代,同时意识到近亲婚姻对后代体质的危害,逐渐形成了族外婚制,互相通婚的氏族逐渐形成了部落。无论是这一阶段的自然攫取性活动,还是新石器时代农业、畜牧业等生产性活动的出现,原始人的生产活动主要是对生物生长的模仿,以动植物胚种为原料,促成生物按自身的生物学规律生长,从而收获动植物的成熟个体。原始人对自然环境高度依存,生存方式在本质上和动物类似,"在这种条件下,人的生存逻辑是:自然提供什么,人们就需要什么、利用什么。与此相适应,人们的认识逻辑是:需要什么、利用什么,人们就认识什么。既然在自然生存(特别是在早期的自然生存)中,人们主要是依赖生物生存,那先民认识自然主要就是认识生物"[1]。

(二)原始知识的神话式传播

由于历史证据的匮乏和模糊,我们更多是以现代人的认知水平来推想原始人的认知情况。我们很难明确鉴定人类知识的起源,但我们可以推断出,人类最早的知识发端于现实生活,这种知识是"作为一种艰苦条件下生存斗争的副产品而出现的",并且"不同于人类从其类人猿的祖先那里继承下来的具有本能性质的行为倾向。一旦人们'意识'到这种不同于自己身体但又不脱离自己身体的副产品,那第一种知识就开始作为维持生存的智力工具被投入生存斗争,从而将连动物也具有的生存斗争改造为只有人类才有的'实践活动'。从此以后,人类的实践和知识便进入了一种生动的历史循环状态,实践产生知识,知识深化着实践"[2]。无论这些最早的知识是什么,无疑帮助着原始人认识并改造世界:始于约八千年前的新石器时代是人类原始氏族的繁荣时期,也是母系氏族的全盛期,每个氏族都有自己的名称、共同信仰和领地,在氏族内部,所有财产归集体公有,由有威望的年长妇女担任首领,氏族成员间守望相助,共同抵御外来伤害。这个时期不仅出现了农业、畜牧业,而且大量使用磨制的石斧、石凿、石铲等,还有琢制的磨盘和打制的石锤、石片等工具,甚至有部分地域出现了精细化程度更高的陶器。

原始社会的知识积累扩展与传播传承是缓慢而艰难的,受限于原始人的总体认知水平,人们所信奉的知识不是经验式的,而是神启式的,万物有灵,一切都被来自宇宙与自然的神秘力量所管辖。人类学研究表明,当原始社会的人类想要寻求事物的答案时,通常不是从经验性实践中进行归纳总结,而是诉诸神秘的部落仪式或代表神秘力量的部落巫师,一切经验性知识的"合法"固化,都要经过神秘力量的"启

---

[1] 林德宏.原始自然知识的发生[J].科学技术与辩证法,2003(3):20-22.
[2] 石中英.知识转型与教育改革[M].北京:教育科学出版社,2001:46-47.

示",而大量在生产实践中获得的经验性知识是无法顺利通过"启示"认可的,因此也很难形成有效积累,从而促进生产力的发展,这恐怕也是原始社会发展滞缓的重要原因之一。在有限的知识传播途径中,神话占据了不可替代的重要地位。神秘启示的传播主要有两条途径,一是仪式,二是神话,但仪式是即时性、地域性的,能够进行广泛传播并流传至后代的,唯有神话。"在仪式上,巫向所有参加仪式的人转述神秘的启示;通过神话,许多神秘启示中所披露的知识在一定程度上从其具体仪式情景中分离出来,以一种比较简化的方式传诸后世。可以认为,神话就是原始社会'无字的教科书',是原始社会中唯一得到保存的神秘启示。"[①]现在被誉为"史前时代百科全书"的各民族史诗,其主体就是各民族代代相传的神话。

二、中世纪大学与知识的保存及传授

任何一种文明的延续,都离不开知识的保存与传授。文明社会的自我存续需求促使其有意无意地培植特定的知识代理机构,并为知识的拥有者和探求者提供所需。绝大多数文明或至少这些文明中的主要社会都是由统一的统治阶级领导,并通过高等教育体系牢牢掌握着社会管理层和知识精英的培养权,如中国封建王朝的官员必须经历儒学教化,这种专门性教育依赖统治阶级存在,并为统治阶级服务。但也有例外,古希腊是由许多小城邦组成的,信奉各式各样的多神论宗教,既没有统一的世俗统治阶级,也没有统一的僧侣统治阶级,在这样的社会政治文化环境中,逐渐发展出了一种为自由的贵族公民开办的非正规哲学学校。依据较为清晰可考的历史记录,希波克拉底的伊斯奇勒斯医学寺院、柏拉图的阿卡德米学院、亚里士多德的吕克昂学园及其效仿者等,被普遍认为对中世纪的大学产生了深远影响。或许是因为这样的自由的哲学学校恰恰契合了知识的自由拓展与传授,其对

---

① 石中英.知识转型与教育改革[M].北京:教育科学出版社,2001:48.

后来中世纪大学的诞生起着巨大影响。[①]

(一)中世纪大学的产生

在大学出现之前的中世纪欧洲社会,以培养未来僧职贵族和僧侣为主旨的修道院学校、由教堂主办的教堂学校,还有宫廷学校、私人学校、行会等品目繁多的机构在默默承担着知识的传授与普及工作,逐渐提高了民众的整体知识水平,为中世纪大学的出现奠定了基础。

中世纪中前期的欧洲国家是一种松懈的领土集合体,欧洲大陆众多分权林立的国家建立了完整的封建等级体系。[②] 11世纪的欧洲人已开始了市民生活,十字军东征打开了地中海的经商门户,封建制度逐渐解体有助于城市的兴起,手工业与农业的分工催生了工匠的产生,商人和手工业者抱团联合起来与教会、封建领主周旋,以维护共同的经济利益、社会地位和政治诉求。较之商人行会,手工业行会的管理体系更加等级森严,一般分为师傅、帮工和学徒三个等级,学徒是行会中的最低等级,但这段经历是其想要入行的必经之路,只有通过了师傅的考核获得认可,才有可能自立门户成为行业中的新师傅。这种递进式的师徒模式很好地匹配了中世纪经验性知识的传授需求,对中世纪乃至近现代大学的知识传授体系影响深远。

最初的大学正是在这个既分裂又分权的中世纪欧洲社会中孕育产生的。最初的大学,即中世纪大学,是由11世纪的教会学校等自发转化而来的,虽然这些学校多少带有宗教属性,但其目的是世俗的,主要是为了满足日益增长的城市化社会的需要。这些学校最初也和古希腊哲学学校一样存续时间短暂、没有固定校址,但在中世纪欧洲浓厚的行会氛围中很快吸收了行会的组织形式,正是这种组织形式使中世纪大学获得了延续性和发展性。因此中世纪大学虽然在一定程度

[①] 克拉克.高等教育新论:多学科的研究[M].王承旭,徐辉,郑继伟,等译.杭州:浙江教育出版社,2001:27.

[②] 冯彦明.中西方商品经济发展路径的比较及选择——兼论中西方经济学之区别及其根源[J].区域经济评论,2020(1):55-62.

上继承了古希腊哲学学校的气质,但与其有着本质差异:作为一种特殊的学术行会,具有严密的组织、相对独立的主体性、自己的章程和使命。

正如克拉克所言,中世纪时主要有两种学术行会:一种是以博洛尼亚大学模式为基础的意大利大学,在这种模式中,学生行会付给讲课者讲课费并对讲课者的纪律享有很大权力,以学生为中心并以满足市场需要为目标;另一种是巴黎的比较正统的教会大学模式,在这种模式中,教师控制学生,学徒(本科生)、学徒期满后的工匠(学士)和师傅的行会组织代代相传。中世纪大学根据所享独立性程度的高低而有所不同,但绝大多数最终趋向于行会组织的正统模式。[①]

从博洛尼亚大学、巴黎大学、蒙彼利埃大学、牛津大学等一批最早的大学形成以来,一个多世纪中又陆续产生了十余所大学,除有少数几所很快衰落之外,这些大学吸引、培养了成百上千的学生,教学水平也不断提升,为随后建立起来的大学打造了可以学习借鉴的现实模板。中世纪末期,大学的数量已超过60所,分布在意大利、法国、德意志、苏格兰、西班牙、葡萄牙等欧洲各个国家和地区。与大学形成之初不同的是,此时的大学已经逐渐摆脱了宗教力量的束缚,国家和社会对大学的支持力度加大,大学对其所在城市的地缘依存度大大提高,像剑桥大学、帕多瓦大学、奥尔良大学等"蜂群分离"式地由一批从古老大学出走的师生建立起新大学的案例,在中世纪末期已几乎绝迹。"正像巴黎大学和波伦亚大学在中世纪后期日益屈从于民族国家的控制一样,中世纪晚期兴起的大学从一开始就适应了国家的、地方的或者城市的需要。大学越来越失去了超国家的性格,逐渐被看作是政治领土中的一部分,用来服务国家的需要。"[②]

[①] 克拉克.高等教育新论:多学科的研究[M].王承旭,徐辉,郑继伟,等译.杭州:浙江教育出版社,2001:29-30.

[②] 克拉克.高等教育新论:多学科的研究[M].王承旭,徐辉,郑继伟,等译.杭州:浙江教育出版社,2001:75.

(二)中世纪大学的影响

中世纪大学对近现代大学的影响是方方面面的,聚焦知识维度来看,主要可分为知识的分类传授方式和师生的知识水平认证两个层面。了解中世纪大学的发展史,是把握近现代大学发展规律的必经之路,有助于我们更加完整、深刻地理解近现代大学的本质。

1.知识的分类传授方式

从原始知识的"混沌一体"到柏拉图在自己的学校开设算术、几何、天文、音乐等课程,知识逐渐走向分化和细化。在中世纪的欧洲,当时的修道院和教堂学校以圣经为主要学习内容,忽视甚至排斥世俗课程,即使教授读书、习字、歌唱等科目,也是为了服务圣经诵读、圣书抄写等。之后,随着翻译运动的推进,大量古典知识的发掘使学校教育的知识传授内容逐渐丰富,"其间有个重要人物是波伊修斯(Boethius)。他翻译了古希腊艺术和科学中的基本知识,并整理编纂了《几何原理》《算术原理》《音乐原理》等小册子,这些小册子成为中世纪教授'四艺'算术、几何、天文、音乐的基础课本"[①]。在中世纪大学的形成初期,基本的知识传授内容为"七门自由艺术",即中世纪"七艺",包括与语言相关的文法、修辞、逻辑等"三艺",以及与数字相关的算术、几何、天文、音乐等"四艺"。"七艺"作为中世纪大学较为普遍的课程内容,虽然各学校因地域、传统、师资等原因而对某些特定的具体科目会有所侧重,但总体差异度不大。中世纪大学的知识体系在逐渐分化中得到确立,以中世纪"七艺"为代表的知识不断扩展为中世纪大学的基础学问,专业学科知识亦在此基础上不断充实,渐渐发展为结构严密的学科知识体系,并成为各个中世纪大学独具特色的主导性知识,如博洛尼亚大学以罗马法闻名,萨莱诺大学以医学教育著称,巴黎大学则以神学享誉欧洲。

[①] 冯典.大学模式变迁研究:知识生产的视角[D].厦门:厦门大学,2009:43.

以博洛尼亚大学为例。在西方法制史和西方大学史上，中世纪博洛尼亚大学的地位是不可替代的：正是在博洛尼亚大学，西欧第一次将法律作为一门独特的和系统化的知识体系来教授，一批批接受讨系统法律训练的大学生，在毕业后成为法官、律师、行政官、立法起草人等，从而充实了宗教和世俗国家的管理部门，促进了近代职业法律阶层的兴起。因此对于法制史家来说，正是因为有了大学，法律才能凭借制度化的力量成为一门学术科目，不但为法学者在教会中占据高位提供了基础，也为他们在王室中担任顾问奠定了基础。正是在博洛尼亚大学，一所西欧最古老、对后世影响深远的大学，外来学生建立的保护性团体发展出了一整套学生主导的大学组织模式，学生不但获得了大学的统治权，也获得了学术、法律甚至政治上的巨大权力。因此对于大学史家来说，中世纪意大利的经济复苏和城市发展，激发了人们对法律知识的热情和社会对法律职业的需求，刺激了西欧各地学生成群来到博洛尼亚大学学习法律知识，加速了学生组建社团的行动，最终催生了大学组织和制度在博洛尼亚城市的诞生。博洛尼亚大学完全是学生主导的组织，制定自己的章程，选举校长作为首领，拥有共同的印章，并且得到了世俗和宗教权威的认可，成为中世纪拥有独立法律地位和法人身份的团体，并逐渐形成了超越地域和国界的别具特色的学术制度。①

2. 师生的知识水平认证

在现代社会，人们进入大学学习的直接目标通常是获得知识水平认证，而学位证书则是大学教育认证的重要象征。事实上，这种对知识水平的认证制度并非自古就有。在古希腊和古罗马时代，教育是完全自由开放的，阿卡德米学院的学生，无论是学习诡辩术还是哲学，都无所谓毕业，社会并不需要人们出示某种证明来确认自己的学识；同

---

① 孙益.西欧的知识传统与中世纪大学的起源[M].北京：北京师范大学出版社，2012：101-157.

时执教也是自由的,柏拉图在创办阿卡德米并担任教师时,并不需要出示什么特别的资质证明。可能也是受自由教育时代的影响,在中世纪大学出现后的很长一段时间,大学合法性是否需要神权或皇权的认可,依然存在争论。

随着中世纪大学鳞次栉比的出现,学生和教师数量大幅增加,社会需求发生了变化,"教学许可"作为教师水平认证,逐渐成为执教的先决条件,一个越来越必需的文凭。14世纪,博洛尼亚大学和萨莱诺大学已经开始颁发法律和医学教学许可,因为这两个专业在这两所大学有着重要地位,而巴黎大学则颁发人文和神学教学许可,因为这些专业是巴黎大学的强项。虽然从理论上讲,这种教学许可应能让它的拥有者具备在任何地方执教的权力,但事实上未必如此,很多大学往往更偏袒从本地大学毕业的学生,以各种理由拒绝承认外地大学的教学许可。随着中世纪大学的发展,这种现象越来越不利于大学的发展和相互交往,于是教皇介入此事,其中最典型的就是关于萨拉曼卡大学的规定。1255年,教皇亚历山大四世发现,"那些在萨拉曼卡大学取得教学许可的教师——尽管他们已经证明他们具备执教的能力——在其他地方往往不被允许执教,除非他们在该专业再进行一次考试",于是他规定,"在萨拉曼卡大学经过规范的考试证明其具备执教能力的教师可以在其他任何地方的这个专业执教,不过巴黎大学和博洛尼亚大学例外"。之所以要将这两所大学排除在外,大概是因为这两所大学在当时声誉崇高,不适宜将其他大学与之等同起来。但无论如何,这种教学许可的使用范围越来越广,逐渐成为一种真正的执教资格认证,而正是这种普遍的认可使其逐渐成为大学学位制度的基础。[①]

现代大学的学位制度,还有一个重要的特征即"等级制",通常分为学士(bachelor)—硕士(master)—博士(doctor)三级,这种分级考核

---

① 石广盛.欧洲中世纪大学研究[D].上海:复旦大学,2007:71-72.

晋升的模式很大程度上源自中世纪的行会制度和骑士制度。中世纪的行会制度等级森严，通常分为师傅、帮工和学徒三个等级，所有进入行会者必须经过技术考核，这种学徒—帮工—师傅的考核晋升体制、教育—考核—颁证的水平认证形式，形成并维护着封建行会等级制，也构成了学位制度的雏形。学位制度的形成是一个漫长过程，目前已知的第一个学士学位诞生于巴黎大学，而孕育了巴黎大学的法国，也正是骑士制度最早出现的地方。在法文里，骑士教育的四个阶段分别为学习骑士（page）—扈从（écuyer）—见习骑士（bachelier）—骑士（chevalier），在中世纪其他行会中，bachelier 是指那些还没宣誓成为本行业师傅前已在从事行业实践的初级见习者，也是学士学位的发源。年轻的见习骑士要由其前辈接纳，才能正式晋升为骑士，与中世纪巴黎大学的学位体系很相似。[①]

可见，中世纪时所谓的学位与今时今日大不相同，最初的中世纪大学学位代表了学者具有进入教师行会的资质，为当时的教师选拔录用和教育质量保障提供了客观标准，也为大学教育水平评价体系的建立奠定了基础。随着时间的推移，很多取得学士资格的人不再为了成为教师，而是为了在大学以外谋求发展，如成为大臣或法律顾问等，因此需要证明其曾受过大学教育，于是学士就逐渐成为一个独立的学位。一开始，master 和 doctor 均表示教师之意，没有太大区别，但因为 master 主要指人文专业的教师，而后者主要是指医学等高级专业的教师，所以 master 的地位逐渐低于 doctor，成为现在所谓的硕士，而 doctor 则保留了作为最高学位博士以及医学工作者的含义。[②] 学位等级制度的形成，不仅满足了当时欧洲社会发展对不同层次人才的需求，而且促进了高等教育人才培养的制度化，标志着具有现代意义的大学在中世纪的诞生。

---

① 杨少琳.中世纪大学学位制度形成的历史渊源[J].黑龙江高教研究,2010(12):6-9.

② 石广盛.欧洲中世纪大学的学位制度[J].兰州学刊,2007(8):189-191.

第二节　近代大学与知识共同体的形成

相较于中世纪大学和以柏林大学建立为标志的现代大学,16世纪到18世纪的大学发展史显得颇为黯淡。或许是因为不够光彩夺目,很多与大学相关的著述甚至有意无意地略过了这一时期,在论述完中世纪大学后直接转入了对现代大学的论述;或是将这一时期模糊地称为中世纪大学末期、现代大学前期等;或是语焉不详地将其归类为转型过渡时期的大学。本书采用的历史阶段划分方法与欧洲大学校长常设会议(CRE)组织编写的《欧洲大学史》一致,既是为了尊重每一段历史,也是因为对这一时期的研究与本书所要探讨的主题有重要关联。

一、历史转折浪潮中的近代大学

16世纪至18世纪,正是欧洲大陆从封建社会向资本主义社会转换的大变革时期,政治、经济、文化都处于新旧转换、剧烈变动之中,它们构成了大学发展的外部环境:在政治上,封建等级制度逐渐衰落,罗马天主教会的权威受到来自世俗王权的强力挑战,王权国家在部分大学中逐渐取代了基督教会的控制权,一批新的大学在世俗帝王的支持下建立起来;在经济上,封建土地所有制逐渐解体,农奴制瓦解,货币地租盛行,农业商品化进程加快,新兴资本主义萌芽不断生长起来,新航路的开辟及早期殖民扩张、文艺复兴运动的扩展、宗教改革的兴起等,都是这一世界性转折潮流的具体表现。与此同时,欧洲人的生活方式、文化认知、价值理念也在发生变化,"自中世纪晚期开始,教会世俗化进程造成的罗马教廷与各地教会的腐败,使基督教文化中'理性—信仰'矛盾——具体表现为理性与现实、理论与实践、神性与人性之间的矛盾,达到了近乎不可调和的程度。近代社会文化就是在解决这种矛盾冲突中发展的"①。

(一)人文主义与大学

伴随着新航路的开辟,商业贸易在大西洋沿岸特别是港口城市兴盛起来,欧洲南部因其独特的地理位置,工商业快速发展,从而带动了起源于意大利佛罗伦萨等地的文艺复兴运动向欧洲其他地区延伸。人文主义是文艺复兴时期的核心思想,它质疑神的权威,反对封建等级观念,肯定人性和人的价值,宣扬个性解放,追求现实人生幸福,推崇人的感性经验和理性思维。人文主义一开始活跃于文学和艺术领域,被誉为"文学三杰"的但丁、彼特拉克、薄伽丘,以及被誉为"艺术三杰"的达·芬奇、米开朗琪罗和拉斐尔无疑是这一时期的卓越代表。在中世纪,"以热情奔放、精明狡狯的意大利人为一边,以道德严谨、愚钝质朴的德国人为另一边,几乎同时对教会发起了两场方向相反的改革运动",即人文主义运动和宗教改革运动,"这两场彼此呼应、相反相成的改革运动构成了中世纪基督教文化向近代西方文化过渡的历史分水岭;而这个普遍的文化变革的年代,就是所谓的文艺复兴时期"。②起源于意大利的文艺复兴和起源于德国的宗教改革是中世纪以来对人们精神的一次洗礼,使人文主义思想深入发展,中世纪沿袭千年的神学传统思想逐步被理性思想所取代。

事实上,人文主义进入大学这座"象牙塔"的最初尝试并不顺利。前伦敦大学学院教授韦斯在论述1470年至1520年西欧的学术和教育情况时指出,在意大利以外的地方,人文主义发展的路线与它在起源国的路线大不相同。在西欧国家,人文主义不是从中世纪的学术逐渐演变而来,而是被用来向不同传统的结构进行突然冲击,新思想的追随者和旧思想的维护者之间难免会发生遭遇战。在长达半个世纪的拉锯战里,人文主义逐渐成为西欧文化不可分割的一部分。但在大

---

① 汤谦繁.文化民族性与大学关系历史研究[D].上海:华东师范大学,2016:89.
② 赵林.西方宗教文化[M].武汉:武汉大学出版社,2005:301-302.

学,人文主义的发展颇为复杂,更多地表现为一种新旧文化成分并存与妥协的现象。在教学内容上,人文主义者虽然提倡学习古典作品,但是中世纪的手册、指南等并未能立即清除,以亚里士多德哲学建构起来的经院哲学体系依然是大学教育内容的主体,如博洛尼亚大学文艺学院的课程仍然分为"低三艺"和"高四艺",而人文主义课程的加入使大学课程更为丰富充实;在教学体系上,除了部分新建立的大学,绝大部分大学依然保留着中世纪的体系,传统系科组织仍然与中世纪时一样,其学术管理体制也没有太大变化,但在大量传统学术存在的同时也可以发现人文主义的新价值观念,即使是在16世纪最为保守的大学,人文主义的影响也是存在的;在教师队伍上,人文主义者一开始主要是进入文学院,而后人文主义的理想自然而然地通过文学院渗透到了法学、医学和神学,新旧传统长期和谐并存,人文主义者甚至"与那些几乎未受学术界新潮流影响的神学家和教会法学家并肩教学"。[1]

如果就此认为人文主义对大学的影响仅限于引入了新知识、促使大学文学院课程发生变化,这种看法未免过于短浅。事实上,人文主义课程进入文学院,从实际上冲破了神学或经院哲学独霸大学讲坛的局面。更重要的是,人文主义教育所倡导的培养人的独立思考能力、确立人的中心地位等理念逐渐被人们认同,当宗教改革最终促使大学的控制权由教会转入世俗政权的时候,大学也逐渐由"形式教育"向"实质教育"转变:那些原先处于文科边缘而与实际生活息息相关的课程,如本国语等,其地位得以真正确立;虽然在起初不是刻意为之,但大学与社会的联系确实得到了实质性的加强,大学的定位以及大学的职能开始改变,大学由此开始了向现代化的探索之路。[2]

(二)新知识与大学

人文主义在大学发展历程中的重要意义是毋庸置疑的,但问题

---

[1] 波特.新编剑桥世界近代史(第1卷)[M].中国社会科学院世界历史研究所组,译.北京:中国社会科学出版社,2018:104.

[2] 汤谦繁.文化民族性与大学关系历史研究[D].上海:华东师范大学,2016:97-98.

是,各种思想流派、政权变换,甚至是印刷术的发明和1492年美洲新大陆的发现等,都在作用着大学的变化进程,我们如何判定究竟是什么导致了人文主义在不同大学中产生的不同影响？是人文主义教育的影响催生了科学上的新发现并最终导致科学革命的吗？处于文艺复兴、宗教改革历史转折浪潮中的大学,为何被史学家奥伯曼评价为"最优秀的大学史学者也承认这一点,即1500年至1800年的大学不那么令人感兴趣"[①]？我们还是要回到大学的根本——知识。日本东京大学校长滨田纯一曾说过:"大学的基本功能是通过研究创造知识,以改善人类的命运,代表社会成为知识的储存库,并通过教育来传播这些知识。通过这样的方法,大学将成为一个社会的指南针,一个在危机和变化的时代中恒定的参照物。"[②]而身处这个历史转折期的大学,无疑在社会最需要它们的时候,因知识功能的有限发挥而陷入低谷。

15世纪中期前后,人文主义学者开始汇集关于邻国及那些原来只知道名字的遥远国度的地理和历史资料,这项工作的完成,部分是靠书本上的资料,部分是靠航海记录,包括那些第一手的观察报告。在人文主义的这种努力下,产生了许多成果,宇宙结构学和关于世界的描述就是其中两项。这些作品与制图学一起,在具有发现意义的航海准备和航海过程中起到了重要的作用。[③]哥伦布发现美洲新大陆、哥白尼提出日心说、维萨里在解剖学上取得突破等事件以及印刷术的传播大大加速了新知识的传播,对于当时的欧洲人来说,这一系列的重大变化都预示着新时代的序幕正在开启,一个崭新的世界已经初见端倪等待探索。

[①] 雷通群.西洋教育通史[M].北京:东方出版社,2007:59.

[②] 吴洪富.促进科技与经济社会耦合发展的关键角色研究——论知识社会中的大学[J].河南教育,2019(3):3-6.

[③] 里德-西蒙斯.欧洲大学史(第2卷)[M].贺国庆,王保星,屈书杰,等译.保定:河北大学出版社,2008:6.

第二章 以知识为基的大学共同体

对于科学家和学者来说，新发现、新发明、新理论，"新"成为一个代表着荣光的词，他们纷纷自豪地指出他们的发现具有创新独到之处，如培根的《新大西岛》、开普勒的《新天文学》和伽利略的《两种新科学》等，而与此格格不入的，是深入中世纪大学骨髓的宗教正统观念、严格的审查制度和咬文嚼字的浓重学究气息。在"新"与"旧"的激烈冲突中，大学并未发挥出如滨田纯一所说的"指南针"的作用，当时绝大多数重要且有影响力的科学活动均不是在大学或学院中完成的，而是在诸如"所罗门俱乐部""伦敦皇家协会"这类专业性更强、设备更齐全、更独立的研究机构或研究社团中开展的，大学不再被认为是社会的知识中心，甚至出现了大量知名教授"出走"的现象。

诚然，大学在这一时期并未发挥关键作用，但仔细审查科学革命时期的科学家和新知识的产生，大学的作用依然明显：一是进行了对部分科学家的知识基础培育，有学者研究过因在科学领域有重要贡献被载入《国家传记辞典》的生活在17世纪末的65名英国科学家，其中75%曾在牛津大学和剑桥大学接受过教育，还有5%是其他大学的毕业生，虽然他们中有一些人对当时的大学体系进行了猛烈抨击，但他们在大学中获取的知识还是为日后的成就打下了基础；二是为部分科学家提供了稳定生活保障，诸如维萨留斯、牛顿、伯努利等一大批声名显赫的科学家，在他们发明创造处于旺盛时期的大部分时间里，均在大学里拥有职位，正是大学为这些人提供了生活保障和相对体面的职位；三是为学生了解自然科学提供了机会，虽然"不知开普勒在图宾根大学从曾经教导他的梅斯特林那儿受益多少，也不知牛顿在剑桥大学学习期间从老师巴罗那里获得多少教益，但是，年轻学子受过导师的启发和引导是不容置疑的"，许多著名科学家都以他们的教学使命、以拥有吸引学生和赢得年轻人拥护的才能而深感骄傲，正是大学为他们提供了与年轻学生面对面的机会。①

二、作为知识共同体的近代大学

"早在1518年,就有一位法国政治家把人文主义学者之间的友谊看作高于他们对各自国家的忠诚。在以后的许多年中,不乏一些著名的大学教师把自己对于科学的义务看作高于对教会的义务。确定无疑的是,他们对于教义的顺从是被严密监视的,'异端'学者在加尔文统治的日内瓦被烧死,这和在教皇统治的罗马的情形是一样的。甚至到了18世纪,也有如康德这样著名的大学教师因其异端思想而受到普鲁士督导的谴责。然而,对异端的审判和检查员的行动都不能阻止知识的进步。之所以会这样,一个重要的原因正像培根的作品首页插图上的说明文字所说的(拓展见闻,增长知识),'许多人'正准备向前超越已有知识的界限。对世界的科学调查已成为知识界的责任和存在自由,超越了民族、国家和宗教的界限。"②可见,超越宗教、国家、地域,由共同追求旨归联结起来的知识共同体在近代大学这个特殊的场域中逐渐清晰起来。

(一)大学科学化与知识共同体的形成

近代以来,"科学"似乎成了知识的代名词。在中世纪,大学并不排斥科学,只是将其视作自然哲学的组成部分,依附于神学与哲学体系而存在。"自13世纪以亚里士多德、欧几里得、托勒密、海桑及其他评论家为中心、以传授'三艺''四艺'为基础的大学形成以来,所有这些广泛的科学领域——天文学、物理学、数学以及更广泛的自然哲

---

① 里德-西蒙斯.欧洲大学史(第2卷)[M].贺国庆,王保星,屈书杰,等译.保定:河北大学出版社,2008:567-571.

② 里德-西蒙斯.欧洲大学史(第2卷)[M].贺国庆,王保星,屈书杰,等译.保定:河北大学出版社,2008:7.

学——均深深地植根于大学的土壤。"①与此同时,更加根深蒂固的是,认为科学教育应服务于大学经院哲学与古典人文教育,一切将科学或科学研究作为独立学术活动的行为,都会遭到来自维护大学传统的力量的激烈抵制。近代以前,科学从未发挥过作为一种独立知识体系所应有的理论与应用价值,而这种价值最终得以在大学获得普遍尊重,经历了几个世纪的波折。

在中世纪,大学发展科学的障碍源自大学自身的文化原因,而到了近代社会,对大学发展科学具有重大意义的是现实政权对科学的态度。在近代欧洲,随着政治权力的变化,传统教会对大学的控制不断削弱,而世俗王权对国家强盛与政权稳固的需求从现实层面给予了科学以功利性价值的认可。例如,1781年由世俗王权支持建立的斯图加特大学,虽然"该大学在名称上和结构上都摒弃了传统大学的做法,为了避免冒犯附近的图宾根大学里的神学家,它小心翼翼地称自己为'高级中学';为了与古代的传统保持一致,它也赞同大学的传统特权,但是它的课程是全新的。前身为斯图加特联合技术工业学校的斯图加特大学,在课程上摒弃了文学和哲学、医学、法学、神学这四种传统的学院课程结构,而是采用六个部分:法律、军事科学、公共管理、林学、医学和经济学。在教学上,既注重纯科学,又注重应用科学,还总是考虑到国家及公共利益。这所大学是现代西方大学体系的先声,与几年后法国革命建立的、用以替代革命所废除的大学的专科学校是一模一样的"②。窥斑见豹,近代大学科学化进程中的分裂现象也是新旧力量的博弈,世俗王权统治者们一边宣称维护大学文化及古典教育的传统,一边积极支持各种科学学会、学园活动,与教会力量分庭相抗。③

---

① 里德-西蒙斯.欧洲大学史(第2卷)[M].贺国庆,王保星,屈书杰,等译.保定:河北大学出版社,2008:574.
② 里德-西蒙斯.欧洲大学史(第2卷)[M].贺国庆,王保星,屈书杰,等译.保定:河北大学出版社,2008:49.
③ 汤谦繁.文化民族性与大学关系历史研究[D].上海:华东师范大学,2016:118.

16世纪的科学革命之所以意义重大,是因为它不仅拓展了知识的谱系,而且拓展了人们的思维框架,使人们前所未有地意识到科学知识与经济社会发展间的密切关联,在一定程度上,后者对人类社会发展的整体意义甚至超过前者。在这样的认知大背景下,将科学与新的知识体系纳入大学就成为必然的潮流——知识真正开始居于大学的中心,成为大学这个共同体最本质的存在。

(二)对话、书信与知识共同体的构建

共同信仰的、对知识的追求是知识共同体得以存在的基础。近代欧洲新知识的传播与创造离不开一种重要的知识交流形式——对话。对话的形式似乎延续了苏格拉底著名的"精神助产术",但事实上,16世纪的人文主义者不再认为古典权威永远正确,而是以"对话"的形式悄然包装各种分歧的观点,使作者可以巧妙地回避承认哪种是自己的观点,同时又能表述与传统宗教教义不同的观点,正是这种表达方式"使伽利略有可能在他的《关于两种世界体系的对话》中得到教皇的允许来扩展哥白尼学说体系",也正是这种表达方式使布鲁诺"在其对话集《圣灰星期三晚餐》中,把牛津教师描写得荒谬可笑,而把自己的观点阐述得非常成功,以至于他在随后留居伦敦的两年中,又用意大利文写了五本哲学对话集"。① 虽然"对话"的形式并不总能保护其作者免于不幸,比如布鲁诺就因他的对话集《论无限、宇宙与诸世界》被烧死在火刑柱上,但这种生动的形式很好地推进了新知识的传播。无论是文献形式的"对话"还是社会生活中的"对话",这种可以立足不同观点、视角来探讨共同问题的交流形式逐渐得到了人们的广泛认可,也逐渐渗透到大学的教学方式中,客观上为新知识在大学的生发松弛了束缚。

共同体的形成离不开主体间的有效联结。近代大学之所以能发

---

① 里德-西蒙斯.欧洲大学史(第2卷)[M].贺国庆,王保星,屈书杰,等译.保定:河北大学出版社,2008:25.

展为跨越政权界限和空间界限的知识共同体,还需感谢私营邮递业在近代欧洲的发展,因为当时欧洲学者间的交流主要依靠信件方式进行。在中世纪的很长一段时期内,皇家邮政网络是专为皇室和贵族设立的,但随着欧洲商业和文化的发展,民间通信需求日益增长,一方面利用皇家邮政系统私带个人信件的情况屡禁不止;另一方面有管控地开放国家邮政网络既可以将私人通信纳入国家安全监控,又可以增加国库收入,利大于弊。英国于 1635 年、法国于 1672 年规定了邮政由国家专营,这标志着近代邮政的产生。18 世纪被称为"信的世纪"[①],有人认为它们是当时的学者发现自我意识及发现自己及所处的社会的证明,信件使个体在一种新的团体意识下团结在一起,这种新团体意识可以扩展为对友谊的追求。密切的信件往来和友谊早在 16 世纪的人文主义圈子里就很显著了。1518 年,法国学者比代收到瑞士教授瓦狄亚努斯寄来的一本书和一封信,他立刻觉得自己是瓦狄亚努斯朋友圈子中的一员。他在回复给瓦狄亚努斯的感谢信中表示,他们之间的友谊不会因任何法国与瑞士联盟之间可能发生的战争而受损害。在这个时期,没有哪个在外国找到朋友的人文主义学者会因为本国统治者厌倦了和平想要进行军事计划而宣布中止与朋友的友谊。这种表态使我们能够理解,欧洲教会统一性崩溃之后,欧洲知识界是如何建立起来的。在这个知识界里,拉丁文信件的第二人称单数不仅是平等的一个外在标志,实际上也是所有参与者友谊的外在标志。多方的书信交流把大学教师联系在一起,这种联系超越了阶级地位、宗教信仰或政治派别,并且使他们接近各自社会中的其他精英人物,从而促成了各种新知识在整个欧洲的传播和讨论。这一时期,就智力问题进行交流的信件量相当巨大,如利普西乌斯的信件交流包括他写的和从不同的 800 多人那里收到的共 4300 多封信,这 800 多人几乎包括了

---

① 里德-西蒙斯.欧洲大学史(第 2 卷)[M].贺国庆,王保星,屈书杰,等译.保定:河北大学出版社,2008:27.

当时欧洲所有主要的知识分子。汉堡州图书馆和汉堡大学图书馆保存的宗教改革时期至1735年最杰出学者的信件达3.5万封之多,这些信件是由6700个人写的,收信人则约有2000人。其中,有1000多封是贝尔内吉尔来往的信件,贝尔内吉尔是"当时最受爱戴的大学教师之一,1613—1640年在当时著名的德国斯特拉斯堡大学任历史学教授",贝尔内吉尔信件往来的对象包括当时那些最伟大的人物,如古斯塔夫二世、奥克森谢尔纳、伽利略、开普勒、格劳秀斯和奥皮茨。[①] 17世纪中叶,杂志和评论书籍开始部分取代信件的公共交流功能,然而,私人之间以信件形式进行对话仍然并将持续作为广受知识界偏爱的交流方式延续。时至今日,大学教师跨地域联系最为通用的方式"电子邮件",究其本质仍是信件往返,只不过是省去了车马邮递的现代快捷版而已。

第三节 现代大学与知识共同体的演化

现代大学始于19世纪初,是指启蒙运动、科学革命后,经过了理性主义改造的大学。一般认为,1810年德国柏林大学的创立标志着现代意义上大学的诞生。现代大学与中世纪大学(包括近代大学)最根本的区别在于大学使命的扩展:中世纪大学是保存和传授现有知识的场所,将发现和创造知识拒斥在外,而现代大学则将扩增人类知识和培养学生智识同时作为自己的使命,追求教学与研究相统一。抽象到知识共同体层面进行审视,笔者欣喜地发现,在历经数个世纪的演化之后,大学的知识功能终于出现了拓展和质变——在传统功能,即知识保存、知识传承之外,叠加了知识创新功能,并进而衍生出了知识

---

① 里德-西蒙斯.欧洲大学史(第2卷)[M].贺国庆,王保星,屈书杰,等译.保定:河北大学出版社,2008:27-28.

转化功能，关于这一点将在后文中具体展开。

一、快速发展的现代大学及其特征

18世纪末19世纪初，法国大革命和拿破仑战争引发了欧洲的政权动荡、社会混乱，对大学产生了巨大冲击。在法国大革命爆发前的1789年，欧洲有143所大学，而到1815年拿破仑战争基本结束时，仅剩83所，其中法国、德国、西班牙的大学受到了毁灭性的冲击，分别有24所、18所、15所大学在这一时期停办或消亡。这之后直至第二次世界大战结束，大学的数量增长至约200所，拥有3.2万名教授和60多万名学生，而且开始向欧洲以外的地区扩展。[①] 而1945年至今不到百年，大学、教授与学生的数量呈现上百倍的爆发式增长，这种令人惊叹的蓬勃发展态势一方面是与总体和平发展的世界大势相合；另一方面也是因为现代大学的世俗化、学科化、开放化特征，使其迅速成为这个时代不可替代的知识中心。

（一）世俗化

19世纪初，出现了以法国模式和德国模式为代表的新型大学，这两种模式的相继出现引发了对传统大学的根本性变革。首先是以专门学院为代表的法国模式，它由一套开明的专制制度来统辖课程设置和学位授予，要求学校观点与官方学说保持一致，甚至是个人习惯都要受到严格的管理，如1852年颁布了禁止蓄胡的规定。该模式的实施源于大革命时期的"白板论"（theory of tabula rasa），认为人的知识经验是由后天的感觉经验获得，所以要严格规范教育。法国模式的一些基本特征，如中央政府控制、独立学院以及专门学校的设立等，在启蒙时代已有萌芽，并在政权的不断交替中得以持续，直到19世纪最后30年才受德国模式的影响。在与拿破仑时代由政府主导的专门学校

[①] 吕埃格.欧洲大学史（第3卷）[M].张斌贤，杨克瑞，林薇，等译.保定：河北大学出版社，2014：3.

模式竞争的过程中,以洪堡倡导建立的柏林大学为先河,开创了现代大学具有标志意义的德国模式。洪堡劝说当时赞赏法国模式的普鲁士国王,改以神学家、哲学家施莱尔马赫的自由思想为宗旨在柏林建立大学,不仅要在大学中传授已有的知识,更要展示产生这些知识的过程和方法,以激发学生运用科学法则进行思考。尽管洪堡的很多设想在1810年成立的柏林大学中并未马上实现,但由他开启的现代研究型大学探索之路依然硕果累累。19世纪初,巴黎仍是全世界学者和科学家心目中的"麦加"(Mecca),但从19世纪30年代开始,法国政府要向德国派遣代表了解高等教育的发展。① 德国模式强大生命力的秘密,恰恰在于它和世俗政权利益的不谋而合:柏林大学等一批现代大学所履行的知识创新使命有力推动了德国科学事业的繁盛,19世纪初到20世纪初的德国一跃成为世界科学中心和工业强国,德国模式不仅席卷欧洲,而且也出现在美国和日本,进而在世界范围掀起了现代大学发展浪潮。

大学的世俗化是伴随着民族国家的世俗化和行政化发生的。尽管部分国家在启蒙运动时期就开始了世俗化进程,但绝大多数大学从本质上来说依然是教会机构,直到19世纪,各地的公立大学才相继转化为世俗机构。同时,一大批现代大学在世俗政权的直接支持下建立起来,大学的无国界性逐渐消融,正式纳入民族国家的管辖,政府也将大学的管理视为国家教育的一部分。1806年,拿破仑建立了帝国大学,这是一个专门负责帝国内部公共教育和教学事务的机构,其负责人直接向皇帝报告,享有极大的独立性,在后来的政治体制中,这一模式得以延续和扩大,并于1828年升格为教育部。类似的部门式行政管理模式决定了一个国家整体教育的类型和构成,它控制着大学的入学、课程与考试,如统一后的西班牙和意大利;它为大学提供了现代化

---

① 吕埃格.欧洲大学史(第3卷)[M].张斌贤,杨克瑞,林薇,等译.保定:河北大学出版社,2014:5-6.

的建筑和实验室,如俄国于19世纪下半叶,在敖德萨、托木斯克、萨拉托夫的大学,特别是坐落于首都的大学,均增设了技术学院。①

(二)学科化

现代大学的一个显著特征是知识的专精化以及由此引发的学科划分细化,但知识分类的思想并不是现代大学的创造。在柏拉图和亚里士多德时代,人们就已经将知识笼统地划分为哲学、天文学、数学、医学等。中国早在殷周时期就出现了知识分类的萌芽,据《周礼·地官司徒·保氏》记载,"保氏掌谏王恶,而养国子以道,乃教之六艺,一曰五礼,二曰六乐,三曰五射,四曰五驭,五曰六书,六曰九数"。"六艺"即礼、乐、射、御、书、数,虽是从教育视角出发,但亦蕴含了知识分类的思想。前面笔者论述过的中世纪"七艺"也是一种初步的知识分科,"七艺"作为中世纪大学几乎共有的基础教学内容,虽然各有侧重,但总体差异不大,早期中世纪大学的突出特点在于专业学科知识领域,如博洛尼亚大学以罗马法闻名,巴黎大学以神学教育见长,而萨莱诺大学则以医学著称。可以说,正是由于特定领域专业知识的差异,形成了中世纪早期不同特色的大学。

以柏林大学为代表的现代大学的兴起,使自然科学的发展进入一个黄金时期,特定领域科学知识的专精化发展迫切要求知识分科的进一步细化以便学术研究的单点突破。与此同时,大学规模与学科方向的不断扩展,对大学的顶层设计提出了挑战,无论是叫学院、系或专业,知识共同体的实质运行内核依然是知识群,即学科,这就要求大学有科学的学科划分与资源配备。一方面,德国模式影响下的现代大学成为自上而下的教育行政管理体系中的重要一环,将科学研究变成专业的、组织严密的活动,知识创新和传承、传播的指向性或明或暗地受公共政策、研究经费、就业需求等一系列政治、社会因素的驱动;另一

---

① 吕埃格.欧洲大学史(第3卷)[M].张斌贤,杨克瑞,林薇,等译.保定:河北大学出版社,2014:6-7,36.

方面,关于学术自由的呼声和人类求知本能驱动下的探索也从未停歇,大学的学科设置因其具有鲜明的学术研究导向性而受到大学内部与外部的高度关注。1984年,联合国教科文组织统计年鉴将学科划分为自然科学、工程与技术科学、医学、农业科学、社会科学与人文科学五大门类。中国第一个学科分类的国家标准是1992年由国家技术监督局发布的《中华人民共和国国家标准:学科分类与代码》,将所有的学科分为自然科学、农业科学、医药科学、工程与技术科学、人文与社会科学五大门类,每个门类下设若干一级学科。当前,世界范围内公信度较高的学科分类排序体系是由美国科技信息研究所(ISI)于2001年推出的基本科学指标数据库(Essential Science Indicators,简称ESI),其所设置的22个学科分别为生物学与生物化学、化学、计算机科学、经济与商业、工程学、地球科学、材料科学、数学、综合交叉学科、物理学、社会科学总论、空间科学、农业科学、临床医学、分子生物学与遗传学、神经系统学与行为学、免疫学、精神病学与心理学、微生物学、环境科学与生态学、植物学与动物学、药理学与毒理学。

19世纪末以来,伴随着现代科学的进一步发展,一方面,学科不断裂变、分化;另一方面,传统的学科界限不再清晰,基于现实需求而产生的新兴交叉学科大量涌现,知识在高度分化的基础上同步进行着高度融合,现代大学已发展成为一个纵横联结、辐射广阔的知识共同体,为了适应这种新态势,人们也在不断探索建立更适用、更科学的学科分类体系。

(三)开放化

在漫长的发展历程中,传统大学一直是一个相对封闭、疏离于世俗社会的"象牙塔",但随着世界经济社会的急剧变革,全球化、市场化、信息化、大众化等彰显开放特质的时代洪流剧烈冲击着传统的大学理念、组织结构、运行机制,也给现代大学带来了前所未有的崭新机遇和挑战。现代大学在不到一百年的时间里,所产生的变化与革新甚至远远超过了传统大学近千年发展的总和,无论是与产业高度融合的创业型大学的出现,还是巨型大学这样的新型大学结构尝试,或是社区大学、营利性大学、以互联网为基础的密涅瓦大学等各种与时俱进的办学模式探索,归根结底,是源自"真理统一性"消解后的大学使命与办学理念的开放,具体表现在服务对象和教育对象的开放上。

一是服务对象的开放性扩展。在现代大学出现之前,传统大学不仅功能相似,内部结构和人员构成也大同小异,即便是现代大学刚刚诞生后的半个世纪里,大学的运行机制也没有发生根本性的变化。19世纪中后期,除政府之外,市场作为第三方力量的加盟为大学外部资源拓展开辟了新的空间,也增加了大学发展的复杂性和不确定性。在一定程度上,战争加速了现代大学服务对象的清晰化,"两次世界大战期间,美国参与战争后需要大量的先进武器装备和弹药,国防科技与工业得到快速发展,国家向大学提出了庞大的科研和技术服务需求,'为国家服务'一时成为很多大学最重要的办学宗旨"[1]。美国大学率先踏上了现代化的变革之路,并一跃成为世界大学阵营中的新标杆。在国家通过财政与行政的手段强化对大学干预的同时,产业界也开始不再满足于大学仅仅为其提供毕业生源,进而期待大学为产业增值提供更为直接的技术产品和转化服务,这种需求在"硅谷"诞生之后更是成为大学与产业界联合发展的重要推力。大学服务对象的扩展,带来了一系列的连锁反应,其中最本质的一点就是大学知识功能的拓展。

二是教育对象的开放性吸纳。20世纪中叶,以原子能、电子计算机、空间技术和生物工程的发明和应用为主要标志的第三次科技革命极大地推动了人类社会经济、政治、文化领域的变革,也深刻影响了人类的生活方式和思维方式,人们越来越意识到,高深知识的创造与应用能力是不可替代的国家战略资源,也是个体在现代社会生存发展的重要资源。与此同时,现代化生产方式的应用与生产力的不断提升,客观上需要数量庞大的专业人才作为支撑,经济社会发展对专业人才

---

[1] 别敦荣.现代大学制度的演变与特征[J].江苏高教,2017(5):1-8,14.

培养的需求前所未有的强烈,对高等教育的社会性需求前所未有的庞大。在大学诞生后的很长一段时间,平民通常不被纳入教育对象之列,接受高等教育是社会精英阶层的特权,因此高等教育的大众化同时也是破除教育对象精英化、歧视化门槛的过程,大众化不仅意味着大学开始向普通民众开放,也意味着向女性开放、向不限制年龄的人群开放,接受高等教育成为公民的普遍权利。美国又一次抓住变革的契机,率先进入高等教育的大众化发展阶段。到20世纪末,所有发达国家、大部分发展中国家和部分欠发达国家纷纷实现了高等教育的大众化。21世纪初期,高等教育发展步伐日益加快,到2015年,已有68个国家进入了高等教育普及化阶段。① 为了适应不断扩增的招生规模和日益多样化的学生群体,现代大学原有的单一办学模式不再能满足日益变化的新需要,大学的组织模式与运行机制变得越来越多样化,而这种开放化的灵活性也正是现代大学蓬勃发展的典型特征。

二、作为知识共同体的现代大学

知识的科学化、对话与书信在共同体联结中的应用,使中世纪大学开始成为知识的共同体,而这种知识的有机联合在现代大学进一步升级:世俗化和国家意志在现代大学中的渗透,让国别性的大学知识共同体得以强化;学科化催生了学科行会、跨校甚至跨国联合研究的盛行,学术期刊和现代通信手段替代对话与书信成为更加便捷高效的知识联结手段,大大加速了学科性知识共同体的横向强化;大学的开放性不仅激发了知识在大学与政府、企业间的流动,也带来了以访问学者和留学生为代表的知识主体的规模化流动,让大学的知识共同体作用在全球范围得以强化。从微观或中观的视角来审视现代大学,我们很容易被其快速发展变化的形式与日益丰富多样的形态吸引注意

---

① 别敦荣,王严淞.普及化高等教育理念及其实践要求[J].中国高教研究,2016(4):1-8.

力,但当我们从更宏观的视角,即知识共同体的视角来归纳现代大学的发展进程,会发现其最本质的变化就是一条:现代大学的基本知识功能出现了拓展,即在传统大学的知识保存、知识传授两大功能之上,拓展出了知识创新与知识转化功能,从而构建起了知识演进的完整生态链。

(一)知识的保存

人类社会的发展史既是一部生产力的发展史,也是一部知识积累的演进史,而每一次划时代的生产力飞跃,通常都伴随着人类知识保存方式的革新。在前面已经论述过,原始知识在原始社会中以口耳相传的方式进行神话式传播,客观上起到了一定的知识传承作用。但仅凭语言难以准确表达和保存,于是秘鲁的印加人使用"结绳记事",易洛魁印第安人有"贝壳数珠",贵州的长角苗寨至今还流传着用结绳的方式算日子、用刻竹的方式记礼品的习俗,这些都是数字的记录,而知识保存史上真正具有里程碑意义的创造,是文字。正是由于文字这一伟大的发明,人类才终于能够摆脱时空限制,实现经验、信息、知识的代际积累与保存,从而奠定人类社会发展的基石。知识保存技术的第二次重大革新,是印刷术的发展和推广,启蒙时期近代大学的兴起,与古登堡发明金属活字印刷术以及书籍印刷出版在欧洲大陆的兴起也有着密不可分的联系,当普通学生能够获得书籍并从中了解各种新观点、新知识,原本居于主导地位的口头传授和辩论不再是教师垄断知识传授的法宝,书面文献逐渐成为教学中必不可少的重要部分。知识保存技术的第三次重大突破则是以计算机和互联网的应用为标志,将知识载体从实物中解放出来,声音、图像、文字、符号等都可以作为保存介质,立体化、高保真、体积小且容量几乎可以无限扩增,使人类对知识的保存方式达到了曾经不敢奢望的高度自由。现代大学不仅是第三次知识保存技术革命的引领者,也是重要的受益者,数字化和互联网让全球知识前所未有地紧密联结,而现代大学正位于世界知识之网的中心。

知识保存是人类社会的系统工程,从遍布世界各地的博物馆、图书馆,到难以计数的私人收藏,这些是有形的、显性的保存载体,还有更多无形的、隐性的保存渠道,如传统文化、民间风俗、民族意识等。现代大学在这个浩瀚的系统中应该扮演怎样的角色?高深知识的保存无疑是其当仁不让的职责之一。大学在整个知识体系中最特别、最不可替代的便是对高深知识的掌控——高深知识是"构成各民族中比较深奥的那部分文化的高深思想和有关技能"[①],从一定意义上讲,"所谓'高深'只是程度不同。教育阶梯的顶层关注的是深奥的学问。这些学问或者还处于已知与未知之间的交界处,或者虽然已知,但由于它们过于深奥神秘,常人的才智难以把握"[②]。这也正是大学区别于其他教育机构,区别于一般图书馆、博物馆、各类文化组织与机构的核心元素。当然,大学也有图书馆、博物馆,也会组建或参与各类文化相关的活动与组织,但大学所做的这一切,其主要目的仍锚定在高深知识领域,这也正是作为知识共同体的大学之所以不可或缺的关键所在。

可见,现代大学的知识保存功能,一部分体现在其对知识保存技术的不断突破上,一部分体现在其器质性的或数字化的保存载体上,而马上要展开论述的第二大功能——知识传承,从一定意义上看就是将"人"这一主体培育成高深知识保存载体的过程。

(二)知识的传承

为了将知识的保存与传承进行更为明晰的区分,也为了更好地理解大学这一知识共同体的独特之处,笔者将大学的知识传承功能更多地界定为"教"与"学"的过程。虽然在共同体中,笔者认为教师与学生是平等的互动主体,共同经历"教学相长"的过程,但在研究知识的传承时,主要还是聚焦知识势能的由高到低输入,即所谓的知识传授。

---

① 克拉克.高等教育系统——学术组织的跨国研究[M].王承绪,徐辉,殷企平,等译.杭州:杭州大学出版社,1994:11.
② 布鲁贝克.高等教育哲学[M].王承绪,郑继伟,张维平,等译.杭州:浙江教育出版社,1998:2.

与传统大学相比,现代大学在制定教学目标时的难度要大得多:一方面要考虑多样化服务对象的需求,如国家对人才的需求、企业作为雇主的诉求,甚至还有学生及家庭对其毕业后的职业规划;另一方面,大学肩负着高深知识的传承重任,必须在"理想主义"与"功利主义"、"真理追求"与"职业培训"之间探索平衡。在欧洲的中世纪大学,那些能够进行良好理性训练和使人获得较高职业地位的知识便是大学里最有价值、最值得传授的知识,比如培养神职人员的神学知识、培养医生的医学知识、培养律师的法学知识等。进入工业社会之后,知识增长与更新的速度大大加快,知识的半衰期越来越短,知识大爆炸的时代已然到来,对进入大学的学生而言,求学时间是有限的,即使现代大学越来越多地采用弹性学制和完全学分制,高深知识的飞速扩展也已远远超出大学学习乃至整个人生的容量。正如庄子所说的:"吾生也有涯,而知也无涯。"如何才能以"有涯"应"无涯",大学应该教什么,成为现代大学不断追问与探索的共性问题。与此同时,学生对知识的自主选择权也开始获得尊重,选修制出现并在现代大学广泛推行,于是,知识传承从传统单向式的"教什么",转变为更具开放性的"教什么—学什么"双向选择,学生在知识共同体中的主体性受到前所未有的重视。

与此同时,计算机尤其是互联网的普及,不断冲击着知识传承的藩篱。慕课(MOOC)等基于网络平台的在线教育模式不断更新,海量的知识可以便捷地在平板电脑、智能手机等交互设备上获取,大学作为知识共同体的边界开始不再那么清晰,更多具备知识生产与传播功能的主体登上舞台。教师在大学知识场域中的角色从绝对权威转向相对权威,翻转课堂、研讨课程、学术沙龙等更开放的知识传承模式应运而生,这一系列转变虽然冲击了原有的大学知识传授结构,却进一步激发了师生共同作为知识共同体主体的活力,也在一定程度上有利于知识创新的生发。

(三)知识的创新

虽然许多中世纪大学的成立特许状上宣称,对发展知识和传播知识感兴趣,但实际上其从事的主要是保存现有知识,而不是探究新知识,因为中世纪的大学认为所有真理都蕴含在宗教和古典主义的传统中,大学需要做的不是创新,而是揭示,是发现和展示的过程。但在洪堡的观念中,生产知识无疑就是大学的特定职责,他的这一观点为现代大学的发展开辟了一片无限广阔的新天地——正如美国第一所研究型大学约翰斯·霍普金斯大学的教授在1885年所说的:"当未知的领域明确大于已知的领域之时,不存在为整个世界和为今后实际没有可做工作的恐惧。"[1]也正是在这一观点的驱动下,与知识创新密切关联的研究生教育和学位制度在现代大学蓬勃发展起来,甚至成为部分大学的主体,一批致力于高层次人才培养与知识探索的研究型大学开始崭露头角。

20世纪70年代,随着新知识的指数级增长和科技创新对生产力的强力推动,"知识社会"作为一种社会形态的概念被提出。贝尔在1973年出版的《后工业社会的来临》一书中所说的"后工业社会",其主要结构特征就是信息和知识,指的正是以资本与劳动为主要结构特征的工业社会的后续阶段。在1994年出版的《后资本主义社会》一书中,德鲁克提出:"我们现在正经历这样一场变革。这场变革创造了一个后资本主义社会——知识社会。"[2]知识社会这一概念的正式提出,应和了现代社会发展的实践,迅速得到学界的认同。在知识社会中,知识位于社会的中心,知识资本成为核心资源,科学技术与经济社会的耦合成为社会发展的主要方式,受过良好教育的人成为社会发展的中流砥柱。在知识社会中,对知识的贡献度与控制力直接关系到大学

---

[1] 黄宇红.知识演化进程中的美国大学[M].北京:北京师范大学出版社,2008:113-114.

[2] 吴洪富.促进科技与经济社会耦合发展的关键角色研究——论知识社会中的大学[J].河南教育(高教),2019(3):3-6.

的发展,以知识创新为使命的高水平研究型大学快速跻身知识社会的中心舞台,成为现代大学中的佼佼者——各类大学排行榜足以印证知识创新功能在现代大学中的强势地位。

知识社会带给大学的机遇与挑战是并存的。吉本斯等在《知识生产的新模式:当代社会科学与研究的动力学》一书中指出,我们正经历着知识生产方式的根本变革,传统的以理论独尊、试验性科学、学科内部驱动、以大学为核心的传统知识生产模式(模式1),正在被新知识生产范式(模式2)取代,知识生产不再是自我封闭的活动,从学科框架内的专属领地拓展到了许多不同的机构。① 卡拉雅尼斯和坎贝尔在此基础上进一步提出了创新生态系统(模式3)的概念,即由知识创造、扩散与应用的"创新网络"和"知识集群"构成的系统。模式3作为一个多边互动的知识创新系统,"融合相互补充、相互促进的创新网络和知识集群,包括人力资本、知识资本、社会资本和金融资本等要素;它强调大学、产业、政府和社会实体之间以多边、多形态、多节点和多层次方式的协同创新,并以竞合、共同专属化和共同演进的逻辑机理驱动知识生产资源的生成、分配和应用过程,最终形成不同形态的创新网络和知识集群,实现知识创新资源动态优化整合"②。从模式1到模式2再到模式3,大学作为知识权威的地位是否会衰弱?现代大学在不断地探索突围中逐渐发展了另一项重要的知识功能:知识的转化。

(四)知识的转化

从文献分析来看,与大学知识转化相关的概念主要有四个:美国学者通常使用的是知识商业化(knowledge commercialization)和知识资本化(knowledge capitalization);欧洲学者通常使用"知识增值"(knowledge valorization);中国学者一般习惯使用"知识转化"或"科技

---

① 吴洪富.促进科技与经济社会耦合发展的关键角色研究——论知识社会中的大学[J].河南教育(高教),2019(3):3-6.

② 武学超.模式3知识生产的理论阐释——内涵、情境、特质与大学向度[J].科学学研究,2014(9):1297-1305.

(技术)成果转化",二者内涵比较相似,是指为提高生产力水平而对科技成果进行的后续试验、开发、应用、推广直至形成新技术、新工艺、新材料、新产品,发展新产业等活动。[①] 考虑到汉语的理解习惯和本书所要表述的内容准确性和连续性,笔者选用知识转化这一概念。

在前文中已经论述过,近代以来,中世纪大学逐渐成为世俗化的教育机构,由国家或地方提供运行经费,但仍享有较高程度的自治权力,部分保留了欧洲中世纪大学的自治传统。这种模式在高等教育精英化阶段运行无碍,但当大众化成为大学教育的普遍趋势,办学所需经费总额大幅增加,政府财政必然难以为继。一方面是大学的快速发展与政府经费的掣肘;另一方面是伴随科技革命日益兴盛的产业界对新知识的渴望,以斯坦福大学为代表的创业型大学成为现代大学开辟知识转化功能的先锋。日本大学在这一轮的改革中亦步伐较大,从主要沿袭德国模式、强调教授会的权威,到实行大学法人化方案,将大学校长从荣誉制变成实权制,扩大了大学校长的职权,使之能够独立运营大学以应对市场的变化,从某种意义上讲是有利于把市场机制引入大学改革的。可见,国家干预的加强与市场机制的引入基本上是同步的,简言之就是以市场机制为主导,国家通过市场调控大学。一大批由大学与政府或产业联合组建的"边界组织"也被纳入知识共同体,多维网状的知识生态系统开始形成。

政治力量、社会资源、经济支持等多方力量的注入,无疑为现代大学的发展提供了更为充足的养分,与此同时,大学的知识转化功能打破了知识创新的主体边界,大学这一知识共同体的外延进一步扩大,甚至延伸到了公共机构、企业研发中心、独立实验室、创业实践基地等,大学如何在学术自主与资源依赖之间保持平衡?大学的使命是否会在大量政治的、经济的利益影响下出现偏离?大学作为知识共同体

[①] 王凯.由线性转移到协同创新——大学知识转化模式的演进路径与发展趋势[J].宁波大学学报(教育科学版),2018(2):55-60.

的中心地位是否会在新的知识生产模式下被创新型企业或其他新型组织所挤占？大学的未来究竟在哪里？这些正是我们必须不断探索的课题。

总而言之，作为知识共同体的现代大学，一般同时具备知识的保存、传承、创新与转化四大基本功能，其中，知识保存是大学的基础功能，有了前续的知识积累才能够传承与创新，并进而实现转化；知识传承是大学的核心功能，大学之所以为大学，而不是图书馆、科研院或小学初中高中职业培训所，正是因为大学责无旁贷地承担着传承高深知识的使命；知识创新是近现代大学的重要功能，它激发了大学的活力，推动着大学走向知识社会的中心位置；知识转化是现代大学的标志性功能，它是知识创新功能的伴生品，为知识创新所需要的巨大资源投入提供输入源，同时也为知识传承与创新提供发展方向，从而构建起大学知识功能的螺旋上升链。

第三章 大学共同体中的道德与知识

本章要探讨的主题是大学共同体中的道德与知识,但在开始探讨前要先明确,是什么在影响大学的发展方向,是什么在左右着道德与知识在大学中的分分合合。通过简要梳理大学的孕育与发展过程,不难发现,在历史洪流中决定着大学产生和发展方向的主要是两大力量:知识与政治。古老的欧洲大学主要从本地土壤中汲取营养,根深叶茂,知识根基深厚,其发展主要遵从知识逻辑;后起之秀美国大学虽然延续的是欧洲模式,但在移植过程中融入了大量自身基因,对美国市场经济的适应性更强;中国大学从一开始就产生于政治力量的主宰,虽经多次政权更替,但政治的主导性从未被知识所取代。"知识是大学之所以产生、之所以存在的根本原因,这在中西方都是相同的。但是政治力量对大学制度发展影响程度的大小是区分中西方大学制度和大学传统最大的因素。"[1]大学教育中道德与知识的形态演变与关系变化在一定程度上也正是反映了知识与政治两大力量对大学的作用力。有学者将知识与政治这两大力量分别表述为"运用事物的意志"和"进行控制的意志",并预见伴随着社会复杂性的增加,风险出现的不确定性大大增加,"黑天鹅"和"灰犀牛"这样的小概率偶发危机和大概率潜在危机并存于世,政治的支配权往往难以有效应对危机,而"运用事物的意志",即知识"将会有着越来越优异的表现。所以,风险社会及其高度复杂性和高度不确定性意味着知识的荣耀出场"。[2] 这

---

[1] 张侃.中国大学制度变迁研究[M].北京:社会科学文献出版社,2017:119.
[2] 张康之.在风险社会中看知识与权力[J].学术界,2021(6):46-56.

种对未来发展的预判,在一定程度上也催促着中国大学尽快更好地协同知识与政治这两大力量,探索出基于知识的德育共同体构建之路。

第一节 道德、知识与大学转型

自大学诞生以来,从办学目标到组织形式,从基本功能到具体运行,各要素、环节从未停止过变化,或许唯一不变的就是一切永远处于变化之中。有学者提出,"大学的转型与时代变迁相互交织、相辅相成。从某种意义上来说,转型就是相关组织结构、管理体制、教学、师生等诸要素在一定内外环境等影响下发生变化的过程"[①]。"转型"是个热词,或许是因为当今时代发展确实日新月异,亦或许是人们对所感知到的变化难以界定其量级,所以干脆统统以"转型"之名冠之,从经济转型到社会转型,从理念转型到制度转型,转型理论层出不穷,其中也不乏对教育转型的关注。转型应是一种范式到另一种范式的根本性转变过程,在大学的转型问题上,量变到质变的临界点该如何界定?究竟哪个要素的变化才是标志性的?究竟什么样的变化才能称之为"转型"呢?大学的变化表现在方方面面,但从其本质属性来看,最核心、最具代表性的变化仍在其知识属性上。纵览大学知识属性的发展史,我们可以非常清晰地辨识出两次重要的转型:第一次大学转型以知识创新功能的出现与发展为标志,大学开始挣脱传统范式的束缚,进入现代化发展;第二次大学转型以知识转化功能的出现与发展为标志,大学由此真正走上现代化之路。这里所说的现代化主要用于表征大学的发展状态,与世界历史或中国历史中所指的"近代""现代"历史阶段有所联系但并不完全对应。特别要说明的是,中国大学的发展具有历史特殊性,其知识创新和转化的功能几乎都在改革开放后才

---

① 王海莹,王大磊.西方大学转型与章程创新[J].教育研究,2016(11):133-137.

得到快速发展,因此两次转型几乎是同步发生的,西方大学的发展经验难以适用,这也是我们必须探索中国特色道路的原因之一。

一、道德、知识与第一次大学转型

最初的大学是在漫长岁月里逐渐形成的,或是因为安定繁荣、社会发展需求旺盛,或是因为有大家名师、求学者众,人们出于安全或互助的需要,仿照行会的形式组成了学生社团、教师社团等,逐渐孕育出了大学制度的雏形。很多古老的中世纪大学浸润于中世纪基督教文化之中,信奉"真理统一性",认为知识具有统一性和道德性,这种宗教化的知识传授方式无处不在地渗透着宗教价值观和宗教道德的输出。经院哲学的一些代表人物甚至"把亚里士多德的《形而上学》《物理学》以及一些哲学思想统统糅合到神学中去,形成了既有理性,而又非理性,既有知识,又须凭信仰才能成立的一个神学体系"[①]。可以说,在中世纪的大学中,道德与知识是高度融合的整体,宗教道德居于至高无上的统领地位。

中世纪后期开始,教会分裂,民族国家的力量逐渐增强,加上资本主义萌芽推动了启蒙运动和科学革命的进程,融入了人文主义思想的新知识、新课程、新教法逐渐渗透进入大学。中世纪大学在经历了持续数个世纪的缓慢蜕变后,终于迎来了第一次重要转型——以德国柏林大学为代表的构建在"纯粹科学"基石之上的现代大学,知识开始挣脱宗教道德的统治,成为独立的强大力量,占据大学的中心位置。在洪堡创办柏林大学之前,大学的主要职能是人才培养,虽然部分大学的部分教授也在从事科学研究,但通常是在大学以外的机构里进行,大学没有科学研究的职能,一般也不具备所需的场地、设备等基础条件,因此19世纪以前的大学有时也被人们称为"教学型大学"(teaching university),而推动大学开启第一次现代化转型的,正是由

---

① 李明忠.高深知识与大学治理[M].保定:河北大学出版社,2011:89.

第三章　大学共同体中的道德与知识

洪堡率先引入柏林大学的知识创新职能。

洪堡将"纯粹科学"置于大学的中心,认为在大学中教师与学生都是围绕着高深知识的研究而存在的,"大学学生需要独立地从事'研究',至于教授的工作则是诱导学生'研究'的兴趣,再进一步指导并帮助学生做'研究'工作"①。虽然他也赞同大学具有科学探索和道德培育的双重职能,并在柏林大学的组织纲领中明确提出,大学要"尊重科学和它的自由的生命力,以不受限制的科学手段,培养学生成为具有真正科学修养、有独立思想、有理智和道德的青年",但在办学实践中,"由科学而达至修养"的教育原则无疑是将探求纯粹科学置于优先地位,力求将人才培养统一于科学研究。② 在洪堡理念主导下的柏林大学,其影响深入德国乃至世界各地,成为现代大学的发端,19世纪以后世界各国大学的发展和变革都不可避免地带有洪堡理念的影子。与此同时,我们也不可避免地注意到洪堡模式的局限性,例如,其对科学研究的高度重视在一定程度上导致了现代研究型大学重科研、轻教学的不良倾向,一直为人们所诟病;再如,洪堡所倡导的"纯粹科学"不仅将应用科学与专业教育拒斥在大学之外,还在一定程度上导致了知识与道德在大学教育中被区分甚至对立,他所提出的"由科学而达至修养"的人才培养路径在实践中变成了知识功能的片面强化,这也成为大学教育领域至今仍争论不休的问题之一。

大学的第一次现代化转型,不仅是大学内生动力的驱动,还有"看不见的手"在合力助推。洪堡虽然全力倡导大学的自主与自治,但同时他也坚信"大学是一种最高手段,通过它,普鲁士才能为自己赢得在德意志世界以及全世界的尊重,从而取得真正的启蒙和精神教育上的世界领先地位"③,因此,这一次以知识创新为表征的大学转型,实际上

---

① 冯增俊.现代研究生教育研究[M].广州:广东高等教育出版社,1993:22.
② 刘宝存.洪堡大学理念述评[J].清华大学教育研究,2002(1):63-69.
③ 李工真.德意志大学与德意志现代化[M]//杨叔子.中国大学人文启示录(第1卷).武汉:华中理工大学出版社,1996:51.

也是大学世俗化的转型,大学的民族国家特性得到强化,与国家生产力发展密切相关的实证科学知识替代以形而上学为合理性基础的古典知识成为大学教育的主流知识,知识界乃至整个社会认知领域在对中世纪神学知识体系的批判中走向对知识纯粹性的追求。与此同时,道德的统领地位在转型后的大学中受到了巨大冲击:一方面,日益世俗化的大学必然要体现国家权力意志,反对宗教道德的精神束缚,具有浓厚宗教色彩的传统道德教育受到猛烈抨击,大学的道德性被削弱;另一方面,主流知识型的改变也在不断重塑大学的目标定位,对传统古典课程的摒弃,对纯粹知识的探求,实际上挤占了道德在大学中的位置。

二、道德、知识与第二次大学转型

大学的现代化,在一定程度上也是其与民族国家、社会经济卷入日深的过程,现代大学正越来越成为国家的大学、社会的大学、时代的大学。大学发展史上,每一次被实践证明为成功的重大变革,都是大学内在知识逻辑与外部政治、社会或经济力量的暗合:如果说大学的第一次现代化转型是与民族国家科技发展需求的暗合,那第二次转型无疑是与经济社会发展需求的暗合。美国大学的蓬勃发展在一定程度上正是源自对第二次转型契机的及时把握。19世纪中期以前,美国大学一直延续着英国传统的古典教育理念,与社会发展进程脱节,而工业革命的兴起、城镇化进程的加快、新兴产业的出现,带给当时的美国大学前所未有的机遇与挑战。1862年,美国联邦政府颁布《莫雷尔法案》,这是联邦政府对高等教育第一次实施大规模的干预,农业、机械工艺等与当时社会发展高度关联的学科得到扶持,适时而有力地推动了美国大学的转型发展。20世纪初,威斯康星大学率先宣告要破除校园与社会之间的藩篱,主动为社会提供直接服务。美国大学开始密切关注实用科学与技术的发展与应用,通过知识转化实现大学的社会服务功能,使大学与社会生产、生活实际更紧密地联系在一起,并

第三章 大学共同体中的道德与知识

迅速取代德国模式成为引领世界大学发展趋势的新模式。

可以说,以知识转化功能为表征的第二次大学现代化转型使市场、政府和公众的逻辑逐步深入大学,这种变化带来的影响不仅是设置几个与国民经济密切关联的专业,或是教授的研究成果共享给企业并由此获得报酬,大学的转型,既不是偶发的也不是附带的。正如克拉克所说:"大学的转型,总是先从大学基层单位和整个大学的若干人开始,他们志同道合在一起,通过有组织的创新,改革大学的结构和方向,经过若干年的努力才能发生。"① 南北战争后,面对工农业迅速发展、社会变化日新月异的美国大学,若继续固守"象牙塔",将会失去发展的社会根基并被逐渐边缘化;若回应社会需求,主动将实用性知识引入大学,培养与社会发展进程密切关联的实用型人才、拓展实用性研究,则能获得巨大的社会资源和全新的发展空间。在转折的十字路口,以威斯康星大学为代表的美国大学自内而外地改变了自身结构和方向——实用性成为第二次转型后大学的主流知识特性,而且这种特性也全面渗透到大学的方方面面,包括德育。长期固守于"象牙塔"的一元化的道德观开始被市场经济自由化所带来的多元价值替代,理想主义的道德纯粹性被伴随着知识商品化而加剧的功利主义压制,德育在大学中被进一步边缘化。

雅斯贝尔斯在20世纪70年代就意识到了这种实用性倾向使大学背离其本真,因为"人们所理解的教育只是将青年人培养成有用人才。当某一科学被运用于经济之中时,这一科学马上身价百倍,人们为了获利,纷纷追求它,并在学校中推广这一学说,研究者和教师也以此要求编写教材"②。那大学的本真或者说使命究竟是什么呢?雅斯贝尔斯在他著名的《大学之理念》一书中曾这样写道:"政治和社会两

---

① 克拉克.建立创业型大学:组织上转型的途径[M].王承绪,译.北京:人民教育出版社,2003:3.
② 雅斯贝尔斯.什么是教育[M].邹进,译.北京:生活•读书•新知三联书店,1991:50.

方面的影响改变了大学的面目。但是在它众多变化多端的形式底下，还是隐含着不随时间而变化的知性洞察的理想，这种理想按说应该在大学里面实现，可是又自始至终地处在被弃置的危险之中。这种哲学冲动与日新月异的社会需求之间的历史性冲突，表现为一种时段上的间隔：在有些时期，会出现一种各具时代特色的富有成果的合作，而在有些时期，这种哲学理想则要遭受全盘的失败。因此，一种思想贫乏时代与思想活跃时代的间隔就出现了。大学因为自身的原因而败落的一个途径，就是对外界的大众教育的压力做毫无原则的妥协。"[1]

第二节 道德与知识的耦合困境

经历了现代化转型的大学，道德与知识呈现出明显的地位落差：曾经信奉"美德即知识"、将虔诚信仰作为最高准则的大学，在竭力挣脱宗教束缚的同时，也对与宗教信仰密切关联的德育产生了排斥，曾经作为绝对权威的宗教道德被清退出了大学领域，取而代之的世俗道德却未能成为大学教育的主导，科学主义兴起并迅速成为现代大学的主流理念，以科学知识为主体的高深知识将大学教育带入了高度的理性化或者说知性化阶段。将科学奉为圭臬，宣扬知识的中立性，这在特定历史阶段无疑是具有解放意义的，但从人与教育的本质来看，这也埋下了大学发展的隐患。

一、道德与知识耦合的关系困境

道德与知识的关系问题，数千年来争论不休，这在一定程度上也是因为人们对这二者定义的理解存在差异。在本书中，将知识定义为可验证的真实，是人类可认知的规律性总结，这是学界相对普遍认可

---

[1] 雅斯贝尔斯.大学之理念[M].邱立波，译.上海：上海人民出版社，2007：176.

的定义,也是教育视角下凸显人的主体性的定义。正因为知识是"人"的知识,知识的主体性决定了其无法脱离人的主体性而存在,这也是为何我们认为知识的绝对中立性是不存在的,任何知识只要作用于人便具有价值属性,与道德有着千丝万缕的联系。至于道德,从教育视角出发,可将其分为内化与外化两个层次,内化的道德即德性,与道德认知相依存;外化的道德即德行,与道德规范相一致。一方面,道德认知可以理解为被人们所认识并遵从的道德知识,从这个角度来看,道德认知与道德知识是一体两面,人的德性离不开知识结构的基础性。当然,历史上一直不乏人性善恶之辩,但"人之初,性本善"中所谓的"善"和我们在教育视角下定义的"德性"并不等同,在此不多展开。另一方面,道德规范作为人们共同生活的规则和个体行为的准则,无疑是知识化了的,因此我们所谓的德行,其依据也源于已有的知识体系。由此可见,道德与知识本是紧密依存、不可分割的,但事实上,二者在大学中的耦合却并不顺利。

(一)知识的普遍性与道德的复杂性

作为知识共同体的现代大学,知识的普遍性是其成员间得以对话的基础。所谓知识的普遍性,是指知识的普遍的"可证实性"以及建立在其上的普遍的"可接纳性",是超越各种社会和个体条件限制的。这种普遍性还指生产与辨识知识的标准是得到普遍认可的,因为缺乏普遍认可的知识标准,知识的普遍可证实性和可接纳性就无从谈起。[①]现代大学的发展高度依赖知识的普遍性,一方面,只有构筑于普遍性知识之上的知识传承体系,如国际化的课程设置和培养方案,才有可能吸引到更广泛的优质生源;另一方面,知识创新与转化所要求的开放合作,也必然以普遍性的知识为基础,无论是研究成果的发表、学术研讨的进行,还是科研合作的开展、科学技术的迭代,都是基于对知识生产与辨识的普遍共识。我们所谓的"科学无国界",描述的正是这种

---

① 石中英.知识转型与教育改革[M].北京:教育科学出版社,2001:137.

基于知识普遍性的共同体。

知识的普遍性并非与生俱来的,历史上的诸多纷争与冲突,从原始社会的图腾之争,到中世纪的异教徒清洗,究其根源,往往可以溯源到知识体系的不相容。所以当科学主义兴起,知识的普遍性为不同文明、不同地域、不同国家的人们构建起对话交流的通道,人类终于找到了一个解决知识冲突的有效途径,作为社会知识中心的大学,更是由衷地自发捍卫知识的普遍性。与此同时,道德的普遍性在当前以及可预见的未来并未形成,意识形态、公民道德、个人品德、社会公德……道德的生成与标准既不是神授,也不是先天带来,更没有放之四海皆准的唯一性和统一性,它与地域相关、与历史相关、与民族性相关、与国别性相关、与个体差异相关,与知识相比,道德的复杂性远远甚之。其实,从来没有一所大学,能够堂而皇之地宣称"道德无涉",或是在人才培养中摒弃对"善"或美好品德的追求,只是在处理知识与道德的关系时,往往难以在知识的普遍性与道德的复杂性之间寻得最佳平衡。

(二)道德的政治性与知识的权力性

道德与知识的关系之所以复杂,还源于这二者所隐含的权力冲突。"权力"一词通常有两层基本含义:一是指政治上的强制力量;二是指特定范围内的支配力量。道德无疑是具有政治性的,一个时代有一个时代的道德观,一个国家有一个国家的核心价值。古典权力理论认为,权力是由特定人物或社会阶层、国家政权、政治党派、宗教团体所拥有的,权力斗争通常发生在如社会运动、民主选举、法庭斗争之类的冲突性政治活动中。其实在另一个相对隐晦却范围宽广得多的领域里,道德,特别是外化的道德规范,作为政治权力的隐形代表持续行使着权力作用,所谓的"众口铄金""人言可畏"就是最通俗的例子。

道德的政治性无疑是包含权力意蕴的,而伴随着科学知识的蓬勃发展,人们越来越清晰地意识到知识与权力也存在着密切关联。早在文艺复兴时期,英国哲学家培根就提出了"知识就是力量"这一著名论断,知识的权力属性呼之欲出。真正将权力理论引入教育领域的代表

第三章 大学共同体中的道德与知识

人物是法国哲学家福柯。在福柯看来,"政治权力的实施还间接地取决于一些表面上与政治权力无任何干系,似乎独立于政治权力之外而实则不然的机构","深深地、巧妙地渗透在整个社会网络中",学校、企业、医院、家庭等构成社会的一切组织,都普遍存在着权力关系,如"学校体制从外表上看是分配知识的,而实际上是为某个阶级掌握政权而将其他所有阶级排挤出权力机构而服务的"。① 他将知识和权力紧紧地联系在了一起,刷新了人们对权力的传统认知。在现代大学这个特定领域,道德的政治性是显而易见的,政治权力对大学的渗透与控制直接体现在对道德规范的把持与个体德性的养成上,而在知识领域,人们通常认为这是权力不应涉足的"自由之地",千百年来大学都在追求学术的自治与自由,但或许"我们应该抛弃那种信念,即权力使人疯狂,因此弃绝权力乃是获得知识的条件之一。相反,我们应该承认,权力制造知识(而且,不仅仅是因为知识为权力服务,权力才鼓励知识,也不仅仅是因为知识有用,权力才使用知识);权力和知识是直接相互连带的;不相应地建构一种知识领域就不可能有权力关系,不同时预设和建构权力关系就不会有任何知识"②。在现代权力理论里,所谓的统治阶级未必特指某一类特定人群,有时甚至难以划出明确的概念界限,比如现代科学知识"对自然的统治"与把持特定知识话语权的统治者之间,究竟哪一方才是真正的赋权者?福柯曾经以医学举例,他说随便翻开一本1770年至1780年的医书,读上二十几页,然后再看二十几页1820年至1830年的医书,仅仅四五十年就发生了巨大的变化,这种变化不仅仅是药方,也不仅仅是疾病或疾病分类,还有人们的眼界以及看问题的角度。③ 至于人文知识,自然更加容易理解其先天蕴含的权力属性,毕竟作为人类社会实践的规律性总结,人文知识从

---

① 福柯.福柯集[M].杜小真,译.上海:上海远东出版社,2004:206,238.
② 福柯.规训与惩罚:监狱的诞生[M].刘北成,杨远婴,译.北京:生活·读书·新知三联书店,1999:29.
③ 福柯.福柯集[M].杜小真,译.上海:上海远东出版社,2004:224.

内容到形式无不体现着权力运行的痕迹。知识既是人类征服自然、改造自然的工具，也是人对人、人对自我进行征服与改造的手段，这种微观视角下的权力作用在作为知识共同体的现代大学尤其明显。什么是知识？什么是有价值的知识？什么可以代表知识的水平？答案既不在绝对理性之中，也不在经验归纳之中，而是以具有权威性的知识共同体的普遍认可为标准。知识的权力性日益增强，不可避免地会与代表政治权力的道德产生冲突，而这种冲突集中体现在作为知识共同体的现代大学。近年来，人类无比强烈地感受到了知识权威的力量，也让全球政治力量间的争斗从所谓的权力机关蔓延至整个社会网络，大学作为知识与政治的必争之地，在可预见的将来必会更深地卷入其中。

二、道德与知识耦合的实践困境

现代大学是"没有围墙的大学"，其与社会的联结有多紧密，受社会的反作用力就有多大，正如现代大学的权力冲突折射出社会的权力结构，现代大学在办学实践中出现的诸多问题实际上也是社会问题的缩影。对于现代大学来说，它所产出的无形产品，即知识，具有无比强大的力量，不仅作用于各行各业，甚至关系到社会阶级、地区和国家的兴盛与衰落，因此，大学也空前地被社会所需要，需要其满足经济发展的需求、国家安全的需求、社会发展的需求等。被需求推动着发展的现代大学，一方面获得了空前的资源注入，正如哈佛校长普西在1961—1962年度报告中所写的，在不到 40 年的时间里，哈佛大学"一半的建筑物是新的，教师增长了 5 倍，预算增长了近 15 倍"[1]，这还远远代表不了大学规模扩张的顶峰；另一方面快速扩张中的大学正变得与工业社会的气质越来越相像，工业社会追求生产效率的最大化，追

---

[1] 克尔.大学之用（第五版）[M].高铦，高戈，汐汐，译.北京：北京大学出版社，2019：4.

求有限的资源投入与高额的投资回报,而一步步沦为"知识工厂"的现代大学,其知识的生产、传播、转化等环节在一定程度上也遵循着投资回报率的工业化逻辑。

(一)效率优先与效果优先

雅斯贝尔斯说,教育就是一棵树摇动另一棵树,一朵云推动另一朵云,一个灵魂唤醒另一个灵魂,这是教育的理想状态,而现代大学所要面对的现实是:有一整片森林需要耕种、有无边的云海挨挨挤挤。从世界范围来看,高等教育的普及化发展是21世纪以来的全球普遍趋势。根据联合国教科文组织数据统计所(UIS)2018年11月和2020年1月公布的相关统计结果可知,目前全球至少有76个国家(地区)已进入高等教育普及化发展阶段(毛入学率超过50%),高收入国家(地区)高等教育平均毛入学率在2018年已达75%。[1] 进入大学学习,再也不是特定阶层、特定年龄、特定性别人群的独享,一种更为公平、包容、开放的大学教育体系已经在全球范围普及开来。

与此同时,高等教育普及化发展也带来了一系列的实际问题。生师比的不断增大,使教学班不得不被动扩容,上百人的大班授课在现代大学中并不罕见,"因材施教""个性化培养"在教育实践中更多地被拆解为学分制、选修制、绩点制等标准化的管理制度。工业生产的逻辑是要可测可控,可以量化的分数、论文数是可测可控的,而创新能力、道德品性、价值取向这些难以测控的方面,通常会被选择性忽视——这未必是因为大学中没有人懂得教育的本质,只是在评价教育效果时,理想主义的追求往往不得不屈从于实践操作层面的可行性。工业生产以利润为最高目标,追求的是高回报率,标准化的流水线模式是经工业生产检验后最高效、最便捷的模式。经过数百年的发展,好大学的标准越来越趋于明确和统一,大学教育的标准化培养模式,

---

[1] 别敦荣,易梦春.高等教育普及化发展标准、进程预测与路径选择[J].教育研究,2021(2):63-79.

其背后的逻辑似乎也和工业生产如出一辙,"这种教育从内容到教育方法都采用同样的事先套装好的课程与教学方法,甚至包括一整套的审美与价值体系也事先成套地包装在其中"[①]。工业原材料是几乎同质的,标准化的工艺可以有效控制残次率、提高回报率,但人和人的差异是巨大的,这种差异不仅是智力水平上的、思维方式上的、知识水平上的,还有人格上的、性格上的、道德修养上的。标准化的培养模式,即便确实是理论上的最优解,也不可避免地无法适用于每个鲜活个体。工业生产以利润为导向是无可厚非的,生产工艺的改进取决于利润的最大化,即在考虑成本的基础上允许存在一定比例的残次率,当效果与效率不可兼得时,效率优先。但教育又应该以什么为导向?大学培养出残次品的话该如何报废重来?在大学育人一线,教师们常常会面临的实际困惑是:如何分配有限的时间、精力、资源?例如,是投入更多精力到与学生成长密切相关的地方,精心打磨课程、指导学生,还是教学任务能达标就行,然后将省出的时间精力投入对个人利益回报更为直接的科研工作中?对于大学来讲也是一样,是将有限的资源尽量向当前受市场青睐的"热门"学科、专业倾斜,还是更多地面向未来发展布局?是将更多资源用于拔尖学生的培养,还是投入对存在困难的学生的帮扶?很多问题,在理论上探讨起来似乎黑白可辨,但在实践操作中,究竟哪个优先并不容易抉择。

(二)唯道德化与唯知识化

在近代自然科学诞生并蓬勃发展起来之前,无论东方还是西方,带有强烈意识形态性的宗教教育、道德教育居于学校教育的主导地位,统治阶级的伦理道德和宗教信仰是教育的最高旨归和基本内容,知识的积累与传递无疑是居于从属地位的。这一时期,唯道德化的教育体系是维系阶级分化、社会稳定的重要手段,但也在一定程度上限

---

① 高德胜.知性德育及其超越:现代德育困境研究[M].北京:教育科学出版社,2003:75.

制了或者说延缓了知识的发展及生产力的进步。学校教育的唯道德化实质上反映的是知识与道德在当时权力博弈中的力量悬殊,之所以要强调"当时",是因为这一情况在近几个世纪发生了巨大变化。

18世纪前,知识传承更多是在社会生产过程中自发且零散地进行。第一次科技革命以来,伴随着新知识、新发明的不断涌现,以自然科学为代表的知识教育开始壮大并逐渐成为学校教育中毋庸置疑的主导。前文已经论述过大学发展历程中的宗教祛魅过程,知识教育在其中发挥了重要的作用。随着大学教育的发展,学校的功能和使命也在不断变化,知识不仅是大学的核心要素,而且演化出具有意识形态特征的科学主义,成为一部分人,甚至是一部分大学的新的"信仰",大学教育的价值取向也由此发生转向:从"善的完满"转为"知的发展"。而在大学中尚存一席之地的德育也在唯知识化的教育理念支配下,遵从"科学"的逻辑进行,20世纪初美国的人格教育就是一个典型例证。这一时期,宗教教育的影响正在大幅消退,加上美西战争、第一次世界大战和移民潮的影响,美国迫切需要通过教育塑造自己的民族性,人格教育应运而生,大多数学区都制定了人格教育的规范或法律要求。但这一时期也是科技教育在美国学校兴起的时期,智商量表出现并很快在学校里得到广泛运用,科学方法,尤其是实证方法在心理学、教育学研究中广为运用并获得了权威地位。在这样的大背景下,耶鲁大学的哈特肖恩和梅运用实证方法对人格和人格教育进行了研究,其结论是整体的人格特征并不存在,决定儿童行为的是环境而不是内在的品性,学校所进行的人格教育并不具备明显改善儿童行为的效果。这一结论对美国学校的德育体系影响巨大,慑于实证方法的权威性,人格教育很快就从美国学校教育中销声匿迹了,经过相当长时间调整后出现的价值教育和道德认知发展教育与传统人格教育已经大不相同,具备了科学教育所要求的特征,即思维性、推理性。[①] 教育是人的教育,教育的道德导向和知识属性是无法规避的,而道德与知识的耦合,不仅在目标定位上存在困惑,在度的把握上也颇为不易,一不小心就会陷入唯道德化或唯知识化的困境。日本创价教育体系的创始人池田大作在与英国著名历史学家汤因比的对谈中指出:"现代教育陷入了功利主义,这是可悲的事情。这种风气带来了两个弊病,一个是学问成了政治和经济的工具,失掉了本来应有的主动性,因而也失去了尊严性。另一个是认为唯有实利的知识和技术才有价值,所以做这种学问的人都成了知识和技术的奴隶。由此产生的结果是人类尊严的丧失。"[②]这不仅是两位思想家对教育问题的关切,更是对唯道德化与唯知识化这两极分化背后动因的深刻反思。

第三节　统合于"人"的道德与知识

知识与道德,实际上都是人的主体性的表征,统合于人的主体性:知识帮助人们改造世界,包括外部世界与内部世界;道德帮助人们改造与世界的关系,包括人与人的关系、人与自然的关系、人与人自身的关系。人是一切教育的中心,知识教育与道德教育均统合于人的可塑性:知识是可验证的真实,是人类可认知的规律性总结,知识源自作为主体的人对客体的认知,这种认知不仅可加工,而且可传递,知识教育因此而存在。道德是人类共同生活及其行为的准则与规范,道德内化而成德性、外化而成德行,这一内外化的过程离不开人的主体性,也离不开环境与外力的共同作用,而道德教育存在的初衷正是发挥这种作

[①] 高德胜.知性德育及其超越:现代德育困境研究[M].北京:教育科学出版社,2003:64-65.

[②] 汤因比,池田大作.展望二十一世纪——汤因比与池田大作对话录[M].荀春生,朱继征,陈国梁,译.北京:国际文化出版公司,1985:63.

用力的效用。美德是否可教是一个很有趣的学术问题,可以通过对概念的不断阐释而辩论不绝,但在社会生活的实际中,这个问题从来不是人们考虑的重点,人们关注的不是道德是否可教,而是我们的社会需要倡导何种道德,我们应如何让道德内化于心、外化于行,换言之,我们应该如何更好地处理人与自然的关系、人与人的关系、人与自身的关系。马克思虽然并未专门探讨知识与道德的关系问题,但"马克思把掌握知识的人和道德的人连在一起,批判了以前'抽象的人',认为在现实的人面前,知识和道德是一致的,都是为人的利益服务,所以在人和自然的关系问题上,知识和道德的主题是一样的,是大写的人"[①]。

一、人的主体性与主体间性

马克思主义者一贯高度关注"人"的问题,正如马克思和恩格斯在《德意志意识形态》中所说的,"全部人类历史的第一个前提无疑是有生命的个人的存在"[②],列宁也曾说过,"全部历史正是由那些无疑是活动家的个人的行动构成的"[③]。作为思想家,马克思一生最伟大的两项发现就是唯物史观和剩余价值,而这二者又是密切关联的,唯物史观是发现剩余价值规律的前提和基础,剩余价值理论是对唯物史观的应用与拓展。所谓唯物史观,就是"关于现实的人及其历史发展的科学"[④],唯物史观源自对由现实的人相互关联、相互作用而成的人类社会的研究,唯物史观的创立过程也正是马克思主义人学理论的形成过程。

---

① 朱卫国.人和自然关系中的知识和道德[J].探索与争鸣,1990(5):26-28.
② 马克思恩格斯选集(第一卷)[M].中共中央马克思恩格斯列宁斯大林著作编译局,译.北京:人民出版社,2012:146.
③ 列宁全集(第一卷)[M].中共中央马克思恩格斯列宁斯大林著作编译局,译.北京:人民出版社,2013:129.
④ 马克思恩格斯选集(第四卷)[M].中共中央马克思恩格斯列宁斯大林著作编译局,译.北京:人民出版社,2012:247.

所谓人学,就是以人这一特殊社会存在物为研究对象,探讨其生存和发展的最一般规律的科学。[①] 德育共同体的核心要素是人。在研究德育共同体时,天然地会运用到马克思主义人学理论,尤其是马克思主义教育思想、人的全面发展理论等。马克思的教育思想涵盖了教育的性质、目的、内容、价值、途径等多个层面,也涉及了德育相关问题,但均较为零散。我们所提出的大学"德育共同体"这一概念,根植于中国特色社会主义教育的根本性质,正如石中英教授在《重温马克思的教育思想》一文中所指出的,从马克思的立场来看,教育虽然有促进个体自由而全面发展的价值,但是教育的价值不止于此,同时也是促进社会进步和人类解放的重要条件,教育的价值始于个体的健康成长,终于社会的进步和人类的解放,不能将教育促进个体的健康成长与促进社会的进步和人类的解放割裂开来,更不能将它们对立起来。[②] 高校培养什么样的人、如何培养人、为谁培养人的问题,是大学立德树人必须首先回答的问题,也是大学德育共同体的存在基础。马克思认为,"随着大工业的发展,现实财富的创造较少地取决于劳动时间和已耗费的劳动量……而是取决于科学的一般水平和技术进步,或者说取决于这种科学在生产上的应用"[③]。在科学技术已然成为第一生产力的今天,马克思的这一判断可谓精准,而如何培养好高知识水平人才、为社会发展输送关键引领力量,正是笔者着力探索构建耦合于知识的大学德育共同体的初衷。

在唯物史观的不断发展过程中,马克思主义者提出了一系列精辟而深邃的人学观点,以下仅撷取部分与本书相关的内容进行论述。

(一)主体性与人的全面发展

重视以实践活动为基础的人的主体性,是马克思主义区别于唯心

[①] 袁贵仁.马克思主义人学理论研究[M].北京:北京师范大学出版社,2013:1.
[②] 石中英.重温马克思的教育思想[J].人民教育,2018(9):34-38.
[③] 马克思恩格斯全集(第三十一卷)[M].中共中央马克思恩格斯列宁斯大林著作编译局,译.北京:人民出版社,1998:100.

主义和旧唯物主义的重要特征。马克思在《关于费尔巴哈的提纲》一文开头即写道,"从前的一切唯物主义(包括费尔巴哈的唯物主义)的主要缺点是:对对象、现实、感性,只是从客体的或者直观的形式去理解,而不是把它们当做感性的人的活动,当做实践去理解,不是从主体方面去理解"①。虽然唯心主义发展了人的能动性,但否定了主体和客体的客观实在性,其所谓的主体性不是实践中的人的主体性,唯心主义是不知道现实的、感性的活动本身的。这种以实践为基础的人的主体性思想,也为之后的马克思主义者所一以贯之。

　　主体性,从广义上说泛指主体所具有的一切属性。在马克思主义的人学理论中,主体性是在主客体关系中相对于客体而言的,是人作为活动主体区别于活动客体的特性。② 马克思的著作中体现主体性思想的论述很多,其中有一句广为人们熟知:"哲学家们只是用不同的方式解释世界,问题在于改变世界。"③马克思所倡导的人的主体性是以"改变世界"为旨归的,改造自然、改造社会和改造人自身都是"改变世界"伟大实践的重要部分,人既是改造的主体,在一定条件下也可以作为被改造的客体,教育实践无疑就是极为典型的场景之一。正如马克思所说,"工人阶级的未来,人类的未来,完全取决于正在成长的一代工人的教育"④,马克思主义者所憧憬的人的自由全面发展的未来,必须通过人的主体性实践来创造。"个人的全面性不是想象的或设想的全面性,而是他的现实联系和观念联系的全面性……要达到这点,首先必须使生产力的充分发展成为生产条件,不是使一定的生产条件表

---

　　① 马克思恩格斯选集(第一卷)[M].中共中央马克思恩格斯列宁斯大林著作编译局,译.北京:人民出版社,2012:133.
　　② 袁贵仁.马克思主义人学理论研究[M].北京:北京师范大学出版社,2013:98.
　　③ 马克思恩格斯选集(第一卷)[M].中共中央马克思恩格斯列宁斯大林著作编译局,译.北京:人民出版社,2012:136.
　　④ 马克思恩格斯全集(第二十一卷)[M].中共中央马克思恩格斯列宁斯大林著作编译局,译.北京:人民出版社,2003:4.

现为生产力发展的界限。"①生产力就是人改造自然的能力,生产力的发展是人类社会发展的基础和动力,也是人的自由全面发展的前提基础,而"知识"无疑是推动人类社会发展的第一生产力,教育"不仅是提高社会生产的一种方法,而且是造就全面发展的人的唯一方法"②。道德与知识相耦合的教育,不仅关乎阶级的未来,更关乎人类社会的未来。

(二)主体间性与真正共同体

马克思主义人学理论十分关注"关系"问题,马克思将人的本质概括为一切社会关系的总和。马克思认为,主客体关系是以主体间的交往为中介的,主体性不仅表现在"他们对自然界的一定关系"中,而且表现在"劳动主体相互间的一定关系"中。③ "在马克思看来,人的主体性还包括不同的主体在一定的社会历史条件下变革某一客体而进行的相互交往的特性。这种主体和主体之间相互交往的特性,现在人们把它称之为'主体间性'或'主体际性',它是人的主体性的重要组成部分。"④可见,主体间的交往使关系产生,主体间性体现在特定的关系网络之中,而当这种关系网络发展到相对成熟、稳定的阶段,并能"体现人们共同利益和共同目的"⑤之时,共同体就形成了。

"共同体"是本书的核心概念之一。对这一概念的探索可以追溯到古希腊时期,古希腊语为 koinonia,意指群体、联盟、联合、联系等,德文为 gemeinschaft,英文为 community,基本特征是人的有机联合。或许出于人的交往本能,思想家们从来没有停止过对共同体的思考,

---

① 马克思恩格斯全集(第三十卷)[M].中共中央马克思恩格斯列宁斯大林著作编译局,译.北京:人民出版社,1995:541.
② 马克思恩格斯全集(第四十二卷)[M].中共中央马克思恩格斯列宁斯大林著作编译局,译.北京:人民出版社,2016:501.
③ 马克思恩格斯全集(第三十卷)[M].中共中央马克思恩格斯列宁斯大林著作编译局,译.北京:人民出版社,1995:488.
④ 袁贵仁.马克思主义人学理论研究[M].北京:北京师范大学出版社,2013:107.
⑤ 马俊峰.马克思社会共同体理论研究[M].北京:中国社会科学出版社,2011:56.

历史上有相互联系区别的多种共同体思想,除马克思主义共同体思想以外,较具有代表性的主要有:以苏格拉底、柏拉图、亚里士多德等为代表的古典城邦共同体思想;以奥古斯丁等为代表的中世纪宗教共同体思想;以霍布斯、卢梭等为代表的契约共同体思想;以莫尔、圣西门、傅立叶等为代表的空想社会主义共同体思想;以康德、黑格尔等为代表的先验理性共同体思想;以费尔巴哈等为代表的爱的共同体思想;等等。

马克思的共同体思想在继承传统共同体思想的基础上实现了革命性变革,传统共同体思想的共性是以抽象的、直观的形式来把握共同体,马克思则是以实践的方式指明社会关系是维系共同生活的根本纽带,走向自由人的联合是共同体的发展方向,从而在共同体的生成前提与基础、内部成员之间的联系、发展方向等核心问题上开启了革命性变革。[1] 他摒弃了西方传统共同体思想的抽象理解方式,以实践的方式认识共同体。马克思的共同体思想主要包括三个层次:一是对"虚幻共同体"的批判,通过对黑格尔理性主义国家观中的逻辑神秘主义和经验主义的批判,完成了对资本主义国家本质的揭示;二是对"抽象共同体"的批判,通过揭示资本主义社会中个人受到商品、货币等"抽象"的统治而产生异化,对资本、资本逻辑乃至整个资本主义社会进行了批判;三是对"真正共同体"概念的提出,认为生产力的发展是其物质基础,"现实的个人"是其逻辑前提,"自由人联合体"是其具体实现形式,人的全面自由发展是其价值旨归。[2] 马克思认为"这种联系是由需要和生产方式决定的,它和人本身有同样长久的历史"[3],人作为社会关系的总和,其社会性内在地生成人的现实本质,因而是牢固、

---

[1] 黄炬,刘同舫.马克思共同体思想的现实超越性[J].河海大学学报(哲学社会科学版),2017(5):27-31,90.

[2] 刘睿.批判与建构:马克思共同体思想研究[M].北京:中国社会科学出版社,2020:1-2.

[3] 马克思恩格斯选集(第一卷)[M].中共中央马克思恩格斯列宁斯大林著作编译局,译.北京:人民出版社,2012:160.

不以人的意志为转移的联系。知识活动是大学中最基本的实践活动，知识生产在一定程度上也可以理解为是大学独特的生产活动，围绕知识活动所构建起来的需要和生产方式决定了大学之所以为大学，笔者所研究的德育共同体也正是在这样的需要和生产方式下不断动态发展的。

回到道德与知识的关系问题上来，虽然科学主义者或是自由主义者试图将大学塑造成价值中立的知识共同体，但共同体"本身承载着更多的人类价值，也就是说，共同体不可能做到价值中立……自由主义者试图使他们的共同体达到价值中立，但结果使共同体变得更加糟糕和混乱"①，所谓的"垮掉的一代""迷惘的一代""佛系青年""空心病"并不仅仅是媒体塑造出来的"标题党"，在马克思主义人学理论指导下的大学德育共同体构建，不仅要充分发挥人的主体性和主体间性，更要注重实践的作用，在实践过程中促成道德与知识的正向耦合，从而更好地实现对主客体的改造。

二、道德、知识与共同体化

马克思主义者一直高度关注人的发展，马克思创新性地把人的发展形态与经济发展的特定阶段、社会生活的特定组织形式，即生产力和生产关系联系起来。马克思认为，人的自由发展离不开共同体，"只有在共同体中，个人才能获得全面发展其才能的手段，也就是说，只有在共同体中才可能有个人自由"②。作为社会主义大学，中国大学的发展离不开马克思主义人学理论的指导，或者更确切地说，马克思主义人学理论在中国大学的办学实践中获得了很好的验证：基于主体性与主体间性的共同体化趋势日益显现，既是知识共同体又是德育共同体的现代中国大学正在探索实践一条全新的中国特色社会主义大学发

---

① 马俊峰.马克思社会共同体理论研究[M].北京:中国社会科学出版社,2011:53.
② 马克思恩格斯选集(第一卷)[M].中共中央马克思恩格斯列宁斯大林著作编译局,译.北京:人民出版社,2012:199.

展之路。

(一)知识的共同体化是对知识分科的超越

从大学萌生之时起,知识分科的倾向便萦绕其间。古老的博洛尼亚大学在中世纪以法学见长,追溯最初的动因,或许是源于博洛尼亚这个交通便利的意大利城市作为当时商贸中心的需求——运用法律知识处理商贸争端。最初的大学有时会被称为"学生大学",因为一部分最古老的大学是由学生根据需求自发组织聘请教师而逐渐形成的。当时的学生通常是抱着特定的职业目的进入大学学习,而这些职业往往需要一定的专业知识,如成为未来的牧师、律师、医生等,这也是为何中世纪大学大多设有神学院、法学院、医学院、文学院这四大院,其中文学通常是作为进行其他学科学习的知识基础。

19世纪以来,知识创新速度加快,大学学科也相应地出现快速裂变、增长、迭代的现象,大学分科组织模式呈现出多元化趋势,一方面和国家、地域需求结合呈现出本土化特征;另一方面又和大学自身知识创新基础结合呈现出个性化特征。相较于中世纪大学,置身21世纪的现代大学虽然在组织模式上已经有了翻天覆地的变化,但其最核心的组织单元划分依据依然是知识的种群:以相近学科群为基础划分成学院,学院内部再根据知识的亲缘谱系进一步细分为学系、专业等学科子系统,"大学—学院—学科"三级模式是全世界最为普遍的大学运行架构。设立大学的初衷是知识传承,主体的学习能力虽有差异,但在知识学习的广度与深度上总是有一定局限性的,因此千百年来大学的基础组织架构万变不离其宗——知识分科。从中世纪到21世纪,知识的不断创新迭代,带来了大学分科的不断细化调整,虽然每一所大学在进行分科设置时都竭尽所能地希望可以平衡知识的亲缘性和主体的有限性,但知识毕竟是连续的谱系,无论以何种范式进行人为的切块划分,学科与学科之间依然有着千丝万缕的关联。正是因此,越是知识分科细化,越是必须构建起一种知识的共同体,以应对人为切分所造成的知识断裂。

知识的共同体化程度是与知识流通手段密切相关的,印刷术的普及、私营邮递业的发展曾助力大学迈出共同体化的重要一步,如今,以互联网为基础的现代通信技术又将"从前车马慢"的书信邮递时代推进至"信息高速路"的零时差时代,跨国家、跨地域、跨文化的全球性知识互动日益便捷、高效、密集,这在很大程度上是对全球知识共同体的促进,即强化了知识主体的主体性发挥和主体间性韧度。但从另一个角度来看,知识获取与创新的壁垒正在不断消解,知识的去中心化倾向已现端倪,大学作为传统的知识共同体,其边界正在日益模糊,或者说,现代大学正在成为日益开放的知识共同体。对大学而言,这种开放的共同体既意味着可能被取代、被边缘化的巨大挑战,也意味着可以更迅速而敏锐地捕捉到知识创新的趋向,可以更睿智而有预见性地调整学科设置,更前瞻而有计划性地合理配置资源,从而克服传统分科制容易导致的封闭性、滞后性,更好地引领大学屹立于这个知识新陈代谢大大加速的时代。

(二)德育的共同体化是对个体化困境的超越

工业革命以来,世界各国普遍经历了从传统社会向现代社会的转型,在这个过程中,"个体化"这一伴随着现代化进程而日益显现的趋势逐渐引起了人们的关注。马克思认为,社会分工和商品交换的发展使个体逐渐摆脱了人身依附关系,获得了相对孤立化的存在方式,"这种个人的孤立化,他在生产内部在单个点上独立化,是受分工制约的,而分工又建立在一系列经济条件的基础上,这些经济条件全面地制约着个人同他人的联系和他自己的存在方式"[①]。这种人的个体化趋势是社会发展的必然,与生产力和生产关系的发展阶段相一致。正如滕尼斯所言:"进步的社会生活的第一个和主要的运动是特殊化、分化和个体化的倾向……也就是说,单一的人愈来愈意识到他的个人人格、

---

① 马克思恩格斯全集(第三十一卷)[M].中共中央马克思恩格斯列宁斯大林著作编译局,译.北京:人民出版社,1998:352.

第三章 大学共同体中的道德与知识

他的价值和他的各种个人的目的,即他的各种事物或者利益。"①个体化强调人的独立性和主体性,个人意识的觉醒、主体能动性的激发、个体价值的追求并无不妥,但任何事情都是过犹不及,正如鲍曼所述,个体化虽然可以使人获得更多的个性自由,但伴随着社会的个体化进程不断推进,它"也会使人对公共利益、良序社会、公正社会表现出漠不关心"②,进而在一定程度上导致个体失去共同体归属感,最终成为孤独的个体。

在大学中,对高深知识的追求本来就是个体强化自我意识和进行主体性探索的过程,个体化所带来的不良影响往往容易被"个性化""学术自由"为表象粉饰,而这些自欺欺人的理由在"精致的利己主义者""空心病""佛系青年"等频频挑动大众神经的标签词汇冲击下,显得越来越苍白,大学教育的一些问题让人们感到忧虑。有学者认为,当前学校德育的个体化困境,集中表现为"教育系统中不断增强的考试竞争、知识占有、优胜于他人的教育逻辑及机制所带来的教育困境以及道德人格成长的困境"③。从当前中国大学教育显现出的问题来看,这种个体化困境主要表现为两个层面:一是个体化加剧了个体理性与公共理性的背离,集中表现为视野狭隘、自我中心,如近年来的大学校园热词"内卷",便源自个体对自身学业绩点的锱铢必较,这种群体性"收益努力比"下降的恶性竞争方式无疑是对大学知识传承、知识创新初衷的背离,正如康德所言,"私下运用自己的理性往往会被限制得很狭隘"④,而要摆脱这种狭隘的困境,必然要求我们构建起具有公共理性的德育共同体;二是个体化加剧了个体的自我封闭和无意义感,集中表现为冷漠、疏离、隔绝的孤岛效应,当代大学生及可预见的

---

① 滕尼斯.新时代的精神[M].林荣远,译.北京:北京大学出版社,2006:19.
② 鲍曼.个体化社会[M].范祥涛,译.上海:上海三联书店,2002:48.
③ 叶飞.当前学校道德教育的个体化困境及其超越[J].国家教育行政学院学报,2020(6):51-57.
④ 康德.历史理性批判文集[M].何兆武,译.北京:商务印书馆,1990:24.

未来的大学生们,均生长于核心家庭规模较小且互联网社交盛行的时代,这一方面将他们从传统的家庭责任和公共约束中"解放"出来,但同时也使"在被'脱域了'的个体所走的路(现在路是要长期走下去的)的尽头,见不到'重新嵌入'的希望"[①],这种以自我为中心的孤岛生活"既平庸又狭窄,它使我们的生活缺乏意义"[②]。构建德育共同体的努力不仅是为了培育共同体中各主体的公共理性和公共视野,也是为了实现主体的"嵌入",在共同体中强化良性互动,在主体间的平等互动中构建起具有情感向心力的共同道德愿景,从而实现自由度与归属感的平衡、个体善与共同善的交融。

(三)两个共同体耦合是对"片面的人"的超越

对于人类社会发展而言,知识与道德是不可或缺的两翼,知识缺失,人类就会陷入蒙昧;道德缺失,人类则会陷入纷争甚至是毁灭。大学的发展也离不开知识与道德。知识,特别是高深知识,是大学之所以存在与发展的基石,但若知识的发展离开了道德的领航,大学将失去前进的意义与方向。作为个体的人,知识与道德的协同发展无疑是理想中的应然状态,但作为大学这个复杂的系统,虽然知识与道德的重要性都是毋庸置疑的,但受制于资源的有限性、主体的局限性、利益的均衡性等现实因素,当前的大学治理中存在着两种不同的声音:一种认为大学教育应该以知识追求为旨归,倡导大学的学术自由和学术自治;另一种则强调大学在国家发展中的地位与作用,认为学术自由应有边界,大学应该更多地履行社会责任。这两种观点虽各有其倾向,笔者姑且将其分别概括为"知识首位"与"道德首位"的倾向,但都不否定知识与道德均在大学教育中不可或缺,只是,二者究竟该如何共生共处,关于这个问题的争论在大学发展的各个阶段、各种境况中持续进行着。事实上,在历史盖棺论定前,持有不同见解的争论者很

---

① 鲍曼.流动的现代性[M].欧阳景根,译.上海:上海三联书店,2002:51.
② 泰勒.现代性之隐忧[M].程炼,译.北京:中央编译出版社,2001:5.

第三章 大学共同体中的道德与知识

难说服对方,身处现代社会,我们可以断定以宗教道德为最高准则的中世纪大学是无法立足于现代知识社会的,因为中世纪大学已经被历史所摒弃,但对于在知识逻辑占据主导地位的现代欧洲大学中,人们信奉"自由知识""价值中立",或是对于在政治逻辑占据主导地位的中国大学中,"道德首位"的倾向更为人们所接受,孰优孰劣,我们更多只能是从历史发展脉络中寻求对未来的预测。

有学者对知识与道德的关系进行了历史梳理,不仅在大学存续期间,知识与道德在整个人类社会历程中长期处于此消彼长的片面发展之中,"古代思想家重视道德知识与道德教育,认为知识与道德之间存在着不可分割的内在联系,这是非常有价值的。然而,他们过多地强调了道德知识的作用,将'德性之知'作为知识体系的核心,甚至试图用道德知识取代其他知识,导致了片面性的产生。近现代以来,随着科学技术的飞速发展,科技知识的社会作用日益凸显,人们从对道德的崇尚转变为对科学技术的崇尚与追求,进而发展到将科技知识推及整个知识体系,而将道德知识排除在知识体系之外。这样,道德逐渐失去了其应有的地位,不可避免地导致了另一种片面性的产生"[1]。人的片面性发展肯定不是教育的初衷,但如何才能克服这种非此即彼的片面性呢?在当代中国,德育的共同体化已然成为现阶段大学发展不可忽视的趋势,正如知识的共同体化是世界大学的共性特征,中国大学的这种独特性是否会成为克服道德片面性或知识片面性发展的契机?如何才能将中国大学的独特性与普遍性更好地有机融合起来?中国大学如何才能更好地培育出道德与知识协同发展的"全面的人"?尝试在大学中构建起耦合共生的德育共同体与知识共同体,或许会成为现代大学发展历程中独树一帜的中国模式。限于学科属性与研究范畴,本书仅探讨如何构建耦合于知识的德育共同体。

---

[1] 付洪.走出半人时代——对知识与道德的思考[J].道德与文明,2004(4):59-62.

第四章　中国大学德育共同体的历史基础

　　大学是知识的共同体,在知识的普遍性与客观性之上,构建起共同体所必不可少的同一性,而与此同时,每一所大学又具备其独特的基因与印记,这种同一性与独特性的自洽,恰如自然生态系统中丰富多样的生物与种群。1898年成立的京师大学堂是中国第一所真正意义上的大学,标志着中国近代高等教育的开始,这似乎与很多动辄有数百年历史的西方传统名校有着历史积淀上的落差。"1168年,南宋宁宗皇帝赵扩出生,英国牛津大学创办,这所名校保持了近千年不易的特质:理想主义、博大、古典、宽容、同情失败者;1209年,蒙古大军在成吉思汗的带领下第三次进攻西夏,英国剑桥大学创办,这个学术上常开风气之先、孕育了许多科学和文化巨人的著名学府,事事讲究传统,孤傲、恬静,富有书院气息;1638年,清朝顺治皇帝爱新觉罗·福临出生,美国哈佛大学创办,哲学家詹姆斯说:'真正的哈佛'乃是一个'无形的、内在的、精神的哈佛',这就是'自由的思想'与'思想的创造'……1810年,洪堡建立柏林大学,将研究与教学结合起来,并确立了大学自治和学术自由的原则,这被认为是近代大学的开端。"[1]中国的大学制度从西方移植而来,并非直接发源于本国或本地区的古代高等教育,但这并不意味着中国大学就是西方的复制品,源远流长的中华传统文化的滋养与中国特色社会主义制度的独特性,使中国大学在近几十年的快速发展中逐渐成长为世界大学系统中一脉独具特色的

---

[1] 李沐紫,杨倩,刘兆祥.大学史记:近代中国的那些大学[M].济南:济南出版社,2010:3.

种群。

高深知识是大学产生并存在的基础,这在中西方是共通的,但中西方推动大学发展的力量是差异化的。我们可以从欧洲的大学发展历程中清晰地梳理出知识发展的脉络线,无论是博洛尼亚大学的学生发起办学,还是欧洲大学普遍的自治传统,从柏林大学教学科研相统一的办学理念,到威斯康星大学提出的社会服务使命,其内在逻辑都是与当时社会的知识发展进程环环相扣的。"西方大学制度的发展演进能够最大限度上遵循知识发展的逻辑,这一方面是因为西方自古希腊就形成的独具特色的理性自然观,这正是科学精神最基本的因素,这直接形成了西方文化中对探索知识的好奇与渴望以及对理性的秉持,这使得即使是在'黑暗'的中世纪,即使是对上帝、对宗教的研究,都能够用理性的思维来进行,都能够遵循知识发展的逻辑来进行,这反映在大学的建立和发展上,也就自然形成了大学最根本的灵魂——学术自由和学校自治;另一方面则是西方的政治制度和环境相对宽松,哪怕是在等级森严的中世纪,大学也能在教权与王权的缝隙中发掘自身存在的空间。尽管大学还是难免在其发展历史上被宗教和政治力量所影响甚至所左右,但是大学成立之初所带的那种对知识的尊重,对学术自由的向往和追求一直刻在大学的灵魂之中,推动着大学按照知识的逻辑向前发展。"[1]中国的高等教育虽萌芽于数千年前,但知识自身的发展力量相对于强大的中央集权力量来说始终是弱小的,这也是为何我们说真正的中国大学出现在19世纪末——因为大学的核心要素是知识,准确来说是保存与传授专门性、学术性的高深知识。前文所述的中世纪大学虽然以形而上学知识的保存与传授为主,但已经出现了神学院、文学院、法学院、医学院等专门化的高深知识,所以意大利的博洛尼亚大学、法国的巴黎大学等都被归为大学,而中国古代赫赫有名的汉代太学或岳麓书院,却因其不具备这一特征而被排除

---

[1] 张侃.中国大学制度变迁研究[M].北京:社会科学文献出版社,2018:120.

在大学体系之外。

第一节 中国古代的大学基因

中华文明历史悠久,是全世界唯一没有中断、发展至今的文明,数千年传承下来的文化基因的影响是难以言传却深入根基的。中国的地域特点是幅员辽阔、民族众多,政权统治难度巨大,在以农业为主导的古代中国,一方面,较低的生产力水平制约了人们的认知能力,自下而上的知识变革难以产生;另一方面,自秦朝大一统后,历朝历代的统治者都将维护这个庞大农业帝国的统一与稳定放在执政的首位,这就必然趋向一种追求稳定、向后看、重伦理的治国理念。

一、中国古代高等教育溯源

中国古代的大学基因可以追溯到夏商时期,《礼记·王制》中记载:"有虞氏养国老于上庠,养庶老于下庠。夏后氏养国老于东序,养庶老于西序。殷人养国老于右学,养庶老于左学。"汉代经学大师郑玄在《礼记注》中论断:"上庠、东序和右学三种是大学,下庠、西序和左学三种是小学。大学即国学,所以养国老;小学即乡学,所以养庶老。"[①]虽然当时的上庠、东序和右学同时还是养老和祭祀的场所,并不纯粹为了实施高等教育而建,但已经开启了官办高等教育的先河。中国汉朝的太学、唐朝的国子监等虽然都是培养高级人才的专门机构,但这些最初的高等教育机构均为统治政权的一部分,即所谓"官学",之后虽然出现了书院,与政权分离的私人学校教育形式在宋代兴起,但也始终受到政府的强力控制。政治力量从一开始就主宰了中国高等教育的发展和制度建立,这种影响绵延数千年,时至今日也根植在中国

---

① 董宝良.中国近现代高等教育史[M].武汉:华中科技大学出版社,2007:1.

大学的基因之中。

"中国古代的大学理念最初主要有两大知识来源：一是以北方黄河流域周文化为基础，以分封制、重礼制为特征的儒家知识；二是南方长江流域以楚文化为基础，以郡县制、重法治为特征的道家知识。"[①]中国古代的知识发展主流是为统治政权服务，可以说中国的知识发展具有很强的"政治性"，孔子周游列国就是一个典型的贩售自己知识与理论的例子。汉朝提出的"罢黜百家，独尊儒术"虽巩固了王朝统治，却人为限制了知识的多元化生发路径；科举制的建立与发展，在一定程度上打通了人才的阶层流动，但也改变了整个社会的学习旨趣，直接导致了知识传授与教育体系的功利化，中国社会的知识体系陷入僵化，也一步步拖曳着生产力发展陷入停滞；自秦朝以来基于郡县制的高度中央集权和强权政治传统，扼杀了近代欧洲这样自发形成人文主义启蒙和科学革命的可能性——中国大学难以自发生长出可遵循的知识逻辑，最终还是要依赖政治的认可与支持。因此，当近代中国不得不"睁眼看世界"时，迫切渴望对整个传统教育体系进行彻底改革。

二、中国古代教育中的德育

按照逻辑来看，这一部分应该是论述中国古代高等教育中的德育问题，但中国古代教育的主流模式是师徒制的私教，通常按照办学者的身份区分为官学和私学，与现代社会按照年龄层次、知识层级等将教育划分为初等教育、中等教育、高等教育的方式差异较大。所谓中国古代高等教育其实是个边界相对模糊的概念，再细化到德育领域就更加难以明晰边界了，因此这一部分笔者主要对中国古代教育中的德育问题进行整体阐释，这也是与中国古代德育的整体性特点相吻合的。

---

① 周进.大学理念的知识审视与社会建构[M].北京：中国社会科学出版社，2017：119.

中国古代教育最大的特点就是德育至上,这一点与孔子的德育思想密不可分。孔子生活在政治动荡的春秋末期,这个时代的显著特征就是礼崩乐坏、社会无序,这不仅促使孔子去思考教育的意义,也为他开辟出将教育、道德、政治紧密结合起来的儒家学说创造了现实条件。在至今2500多年的历史长河中,孔子的德育思想一直以无与伦比的深度和广度影响着中国古代德育理论的走向。当前及可预见的将来,中国德育实践仍在并将继续借鉴其思想中与时代相合的精华部分。有学者总结了孔子的德育至上思想:一是在国家层面,提倡德政是治国理政的根本,"道之以政,齐之以刑,民免而无耻;道之以德,齐之以礼,有耻且格"①,认为只有加强道德教化才能从根本上实现国家长治久安,把德育作为服务统治阶级国家治理的重要手段;二是在社会层面,把德育看作是整个社会运行系统中的重要环节,认为只有加强德育才能帮助人们形成正确思想,实现天下有道的大同社会,孔子著名的"治国三部曲",即"庶之、富之、教之",正是反映了政治、经济和文化之间的辩证关系;三是在个人层面,把德育作为人才培养的中心环节,强调人要怀有仁爱之心,提出"弟子,入则孝,出则悌,谨而信,泛爱众,而亲仁。行有余力,则以学文"②,明确将道德培育置于知识学习之前,力主培养人才首先要培育德行。孔子的德育思想影响着孟子、荀子、董仲舒、韩愈、程颢、程颐、朱熹等一大批著名的古代思想家,他们在不同的深度和广度上继承、补充、丰富和发展了孔子的德育思想,从而构筑起中国古代德育的巍巍大厦。③ "每个时代都有每个时代的精神,每个时代都有每个时代的价值观念"④,道德是社会历史文化的产物,中华民族绵延数千年的德育传统既有其历久弥新的精妙,也有其腐朽过

---

① 杨伯峻.论语译注[M].北京:中华书局,2019:16.
② 杨伯峻.论语译注[M].北京:中华书局,2019:6.
③ 李丽娜.从历史到未来:孔子德育思想理论研究[M].北京:中央编译出版社,2021:250-253.
④ 习近平.习近平谈治国理政[M].北京:外文出版社,2014:168.

时的沉渣,正如恩格斯所说的,"问题决不是要简单地抛弃这两千多年的全部思想内容,而是要对它们进行批判,要把那些在错误的、但对于那个时代和发展过程本身来说不可避免的唯心主义的形式内获得的成果,从这种暂时的形式中剥取出来"①,因此,要实现有批判性地继承、有创造性地转化。

第二节　西方大学制度的引入

教育学家卡扎米亚斯和马西亚拉斯曾在《教育的传统与变革》一书中这样写道:"所有社会在民族危机和重大事变时期之后都有过重大教育改组的尝试。"②如果说要概括中国建立第一所真正意义上的大学的原因,即建立京师大学堂,那无疑就是重大的民族危机。与此同时,我们也不能忽视了西方大学理念在中国的传播,正是因为有着长达数个世纪的潜移默化、日本明治维新的现实刺激和救亡图存的危机意识,才使京师大学堂这颗硕果最终在1898年正式诞生。

一、大学理念的传播和成果

历史学家威利斯鲁迪认为:"高等教育的传播是一种文化传播现象,欧洲高等教育的传播是世界近代史上最重要的事件之一。"③以中国为例,西方大学理念在中国的传播其实早在16世纪初欧洲发现通往亚洲的新航路之后就开始了。据统计,明清之际来华的耶稣会士从1584年起的200多年里,共著西书437部,除基督教(或天主教)的圣

---

① 马克思恩格斯文集(第九卷)[M].中共中央马克思恩格斯列宁斯大林著作编译局,译.北京:人民出版社,2009:458.
② 卡扎米亚斯,马西亚拉斯.教育的传统与变革[M].福建师范大学教育系,等译.北京:文化教育出版社,1981:231.
③ 朴雪涛.中国特色现代大学制度研究[M].北京:人民出版社,2020:28.

经、神学类书籍之外,有数学、天文、物理等自然科学类的书131部,哲学、心理、伦理等人文科学类的书55部,其中也包括《西学凡》《职方外纪》这两部将西方高等教育体制和欧洲大学情况最早介绍到中国的著作。[①] 伴随着欧亚大陆商务往来的日渐频繁,传教士来华进行传教甚至开办教会学校成为"西学东渐"的重要途径,其中最著名的是意大利传教士利玛窦,他在明朝万历年间来华,与徐光启合作翻译了欧几里得的《几何原本》,是使中国传统数学迈向现代数学的重要一步。传教士们带入中国的西方地图、钟表、望远镜、天文历法、医学、科学等新知识,启发了一批有识之士开眼看世界,他们对当时沦为科举制附庸的官学和书院不满,认为学习八股文无用,主张开办新型学校教授经世致用的实学。"明崇祯二年(1629),开设了历局,选职事天文历算学者畴人子弟,学习西法、西历。清康熙五十二年(1713),设立算学馆,选世家子弟学习算法。颜元于康熙三十五年(1696)主持漳南书院,反对程朱理学,提倡实学,将水、火、工、天文、地理、兵法、射御等列为教学科目,摆脱了旧式书院的模式。阮元于嘉庆六年(1801)在原设'篡诂斋'基础上创办诂经精舍,很重视实学,天文、地理、历数等科目占有课程中的重要地位。"[②]虽然罗马教廷禁止教徒拜天、祀孔、祭祖,引发了清政府抵制,于康熙五十五年(1716)颁布禁海禁教诏令,之后于乾隆二十二年(1757)宣布闭关,从而在官方渠道上截断了"西学东渐"的通道,但"西学"的种子已经种下,被传统儒学蔑称为"奇技淫巧"的科学知识在晚清时期的中国缓慢生长,为中国近代大学的建立打下了一定的文化基础。

1840年第一次鸦片战争爆发,西方的坚船利炮攻破了中国的闭关锁国,清政府不得不签署不平等条约、被动开放通商口岸,从1840年到1860年短短20年,传教士在被开放的"五口"和香港,开办了约

---

① 董宝良.中国近现代高等教育史[M].武汉:华中科技大学出版社,2007:11.
② 董宝良.中国近现代高等教育史[M].武汉:华中科技大学出版社,2007:13.

第四章 中国大学德育共同体的历史基础

50所教会学堂,有学生约1000人,这也在客观上为中国引入西方大学制度提供了办学参照。① 与此同时,鸦片战争的失败也激发了清政府和有识之士主动寻求变革的紧迫感:1846年,魏源编撰成50卷本的《海国图志》,这是中国最早系统介绍西方历史、地理和文化的专著;1861年1月,清政府设立"总理各国事务衙门"作为总揽洋务全局的中央枢纽,标志着旨在"师夷长技以自强"的洋务运动开始。洋务派网罗传教士和本国有识之士广译新书,仅李鸿章设立的上海广方言馆便在17年间翻译了数学、天文学、物理学、军事学等图书80余种,发行3万余册,8万余卷。1862年成立的京师同文馆除了要求学生学习西文,还须兼修天文学、算学、物理学、化学、医学和轮船、铁路、电报、开矿、测量等科学技术知识。1895年,中日甲午战争以中国惨败收尾,引发了清政府对洋务派的批评,清政府御史陈琪璋批评同文馆等传播西学的机构只相当于国外的中学校,不具备大学的水平,梁启超指出洋务学堂的一大弊端就是没有实行分专业人才培养,加上日本明治维新的成功对清政府产生了巨大的观念冲击,日本大学教育开始成为中国高等教育近代转型的一个重要样板。在这样的背景下,清政府同意设立京师大学堂,1898年梁启超借鉴日本东京大学的经验,代拟了《京师大学堂章程》,同年11月,学堂正式开学,标志着中国大学正式进入近代发展阶段。1904年,清政府中央学部颁布了参考日本、欧洲、美国拟定的《奏定大学堂章程》,该章程规定医科大学设置医学和药学两个专业门类;理科大学设置数学、天文学、物理学、化学、动植物学、地质学六个专业门类;农科大学设置农业、农艺化学、林学、兽医学四个专业门类;工科大学设置土木工程、机器制造、船舶、兵工、电气、建筑、应用化学、火药、采矿和冶金九个专业门类。直至辛亥革命前的1909年,清政府创办国立大学三所,在校生近800名;开办省立大学24所,

---

① 董宝良.中国近现代高等教育史[M].武汉:华中科技大学出版社,2007:14.

99

在校生4000余名;开办专业性质的学院101所,在校生6000余人。[①]

二、中体西用下的大学德育

清朝晚期,西方大学制度引入中国虽是在国难当头下的不得已而为之,但一系列的举措均由本国统治政权主导、有计划地推进,这就使中国大学在引入西方大学制度的同时仍能保有其主导性。1896年孙家鼐在给光绪皇帝的奏折中明确将"中学为体,西学为用"作为拟开办的京师大学堂的办学宗旨,无论是梁启超起草的《京师大学堂章程》,还是之后清政府颁布的各类教育章程及规制,"中体西用"的办学理念根深蒂固,这为中国古代高等教育"政治性"基因的融入保留了通路。

以最具代表性的京师大学堂为例,其创办初期以"为国养士、政艺兼修"为教育理念,"为国养士"思想无疑传承自中国古代官办教育传统,与以"忠君"为代表的纲常伦理和以"尊孔"为代表的儒家传统一脉相承——可见,清末的大学虽然引入了西方大学制度,但"保留了'道德'在知识上的中心地位,大学人才培养理念的道德教育倾向仍十分显著"[②]。京师大学堂作为当时的国家最高学府和全国各类学堂的统一管理机构,在《奏拟京师大学堂章程》中明确指出其应该"为各省之表率,万国所瞻仰",因此非常重视对学堂教师、学生品德行为的规范和管理,建校伊始便制定了详细的规章制度并不断修订完善。孙家鼐于1899年1月制定了《京师大学堂规条》,共31条,从祀孔到学生入堂后的行为准则、作息时间、斋舍管理,无所不包;戊戌政变后,孙家鼐为适应慈禧太后推行"新政"的要求,又制定了《京师大学堂禁约》,共26条,对学生从请假手续、服装礼仪到言行举止、卫生习惯,均立有禁约。[③] 京师大学堂严格、详尽的规章制度,虽在一定程度上带有端正学

---

① 朴雪涛.中国特色现代大学制度研究[M].北京:人民出版社,2020:30-31.
② 周进.大学理念的知识审视与社会建构[M].北京:中国社会科学出版社,2017:128.
③ 董宝良.中国近现代高等教育史[M].武汉:华中科技大学出版社,2007:48-49.

生思想趋向的意图，但也确实从制度上起到了端正品行、赏优罚劣的作用，而且把尊孔崇礼等中国传统德育理念和遵守规则等西方品行要求相结合，迈出了大学德育中西融合的第一步。

第三节　近代中国大学的变革

1911年辛亥革命爆发，1912年元月中华民国正式建立，孙中山在南京就任临时大总统，2月12日，袁世凯迫使宣统帝溥仪颁布退位诏书，清朝灭亡。从此时开始到1949年中华人民共和国建立，中国社会持续处于动荡变革之中，当时初生的中国大学与孱弱的中华民族一样，虽然饱经磨难，但仍在不断变革中逐渐找到自己的方向并一步步发展起来。

一、兼容并包的大学改革

民国初期，军阀割据混战，新生的民国政府力量薄弱，国家缺乏强大、稳定的中央政权，反倒给了中国大学一个由教育家施展才华推动改革的良机。蔡元培于1916年底出任北京大学（京师大学堂于1912年改名为北京大学）校长后，"循思想自由原则，取兼容并包主义"，从办学理念、管理制度、学科设置等方方面面对北京大学进行了卓有成效的改革，使其由一所封建思想和官僚习气十分浓厚的旧式大学，转变为新式的资产阶级大学，并进而成为新文化运动的重镇和五四运动的策源地。蔡元培的"兼容并包"代表了这一时期典型的大学变革思路，1921年蔡元培在美国加州大学伯克利分校中国学生会演讲中将理想的大学阐述为"中国传统的孔墨精神，加上英之人格教育、德法之专深研究、美之服务社会"[①]。曾任清华校长的梅贻琦在《大学一解》中

---

① 朴雪涛.中国特色现代大学制度研究[M].北京：人民出版社，2020：39.

提出:"今日之大学教育,骤视之,若与明明德、新民之意不甚相干。然若加深察,则可知今日大学教育之种种措施,始终未能超越此二义之范围,所患者,在体认尚有未尽而实践尚有不利耳。大学课程之设备,即属于教学范围之种种,下自基本学术之传授,上自专门科目之研究,固格物致知之功夫而明明德之一部分也。"①复旦大学创始人马相伯提出将欧美新科与中国旧有之文学、道学、美学等融为一体,建设具有中华民族特色的现代大学,能够"齐驱欧美,更驾而上之"②。南开大学创始人张伯苓则认为:"中国自有其天然特别环境,革新必须土货化,而后能有充分之贡献。"③这一大批学贯中西的知识精英,带领着新生的中国大学探索出一条传统基因与西方移植有机融合的近代大学形塑之路,中国儒家思想"尊德性"的特征与西方科学"道问学"的精神兼容并蓄。

1927年,南京国民政府成立,统一的中央政权开始加强对大学的管理。国民政府于1928年11月重新组建了教育部,恢复了以前的行政管理制度,在此基础上,先后颁布了《教育部组织法》《教育部修正各司分科规程》《大学组织法》等一系列法律规章,对教育部管理大学的组织机构、管理体制、责任分工等进行了明确规定,其中最为重要的一点是明确了政府对国立大学的人事管理权。在这一时期,始于洋务运动的中国近代大学制度基本成型,抗日战争爆发后,中国大学虽然受到重创,甚至不得不出现大规模的迁移办学,但业已成型的大学制度基本框架并未出现大的变化。在抗战最艰苦的环境下,中国大学仍继续发展并取得了不俗的成绩,出现了具有传奇色彩的西南联大、西迁办学时被誉为"东方剑桥"的浙江大学等一批特色鲜明的中国大学。

---

① 朴雪涛.中国特色现代大学制度研究[M].北京:人民出版社,2020:40.
② 黄书光.论马相伯在中国近现代高等教育史上的地位[J].高等教育研究,2003(6):82-87.
③ 王文俊.南开大学校史资料选[M].天津:南开大学出版社,1989:38-39.

二、延安时期的德育经验

这一时期还出现了一脉分支,即所谓高等教育延安道路,指的是"抗日战争期间,中国共产党和陕甘宁边区政府基于民族解放和建立新民主主义国家的政治需要,独立自主发展各类高等教育机构过程中呈现出来的新理念、新制度以及相应探索性活动的总称"①。这一时期成立的抗日军政大学、鲁迅艺术学院、延安大学、陕北公学、中国医科大学等学校,若严格按照近现代大学的标准进行定义,未必能称得上是大学,但这些在特定历史时期、特定环境中建立起来的高等教育机构,成为中华人民共和国在成立初期探索建立社会主义大学的重要参照。

延安时期的德育呈现出特殊历史时期的独特性:一是为革命斗争服务,以"中国化的马克思主义"作为指导思想。在革命根据地建立起来的学校,与革命斗争有着无法割断的联系,因此不管是形势教育、阶级斗争教育,还是纪律教育、品德教育,都围绕着革命斗争的需要来展开。1940年1月,毛泽东发表《新民主主义论》,提出了新民主主义教育的文化教育是民族的、科学的、大众的教育。② 延安时期一个最显著的特点就是教育指导思想的确定,以中国化的马克思主义为指导、独立自主发展适合中国国情的大学制度成为中国大学坚持至今的特点。二是为人民群众服务,把坚定政治方向放在人才培养的首位。毛泽东在1938年3月为抗大题词,提出抗大的教育方针是"坚定正确的政治方向,艰苦奋斗的工作作风,灵活机动的战略战术";同年4月,毛泽东在陕北公学第二期开学典礼上的讲话中提出,要赠送学校两件礼物,第一件就是坚定正确的政治方向;1939年6月,毛泽东在延安模范青年授奖大会上再次强调,"青年应把坚定的政治方向放在第一位"。③

---

① 朴雪涛.中国特色现代大学制度研究[M].北京:人民出版社,2020:43.
② 毛泽东选集(第二卷)[M].北京:人民出版社,1991:706.
③ 朴雪涛.中国特色现代大学制度研究[M].北京:人民出版社,2020:48-49.

延安时期的高等教育虽然带有浓重的革命年代色彩，但正是在这一时期，中国共产党直接领导、举办了高等教育，是中国特色社会主义高等教育体系得以形成的最重要的实践基础，对中华人民共和国成立后的整个大学德育体系有着巨大而深远的影响。

第四节　中华人民共和国成立初期的大学改造

1949年10月1日，中华人民共和国成立，国家性质发生了根本转变，中国共产党作为一个新生的执政党，一方面承受着占据世界主流强势地位的资本主义国家的外部压力，另一方面要应对当时积贫积弱的庞大国家机体濒临经济社会崩溃的内部压力。强有力的中央集权、统筹计划模式作为当时最能快速见效的选项迅速在全国各领域、各层级被推行。

一、中国大学的社会主义改造

中华人民共和国成立初期，一场全面、彻底、革命性的"大改造"在高等教育领域开展。

第一，思想改造，确立了马克思主义在大学中的指导地位。中华人民共和国首任教育部部长马叙伦在第一次全国教育工作会议开幕词中提道："新中国的教育应该是反映新中国的政治经济，作为巩固与发展人民民主专政的一种斗争工具的新教育。"[①]这是首次公开提出教育是"人民民主专政的工具"，标志着教育作为政治工具的观念成为新的意识形态开始注入这一轮教育改造，也标志着政治性、工具性在大学体系中的空前强化。在对西方资产阶级教育思想与教育体制进行

[①] 冯刚,张晓平,苏洁.中国共产党高校思想政治教育发展史[M].北京:人民出版社,2021:275.

批判的同时，对大学师生的直接思想改造也在积极推进，1951年11月，中共中央发布了《关于在学校中进行思想改造和组织清理工作的指示》，标志着中华人民共和国成立后第一次知识分子思想改造运动在全国范围广泛开展起来。这场以群众性动员方式进行的思想改造运动，采用了政治动员、道德激励、组织清理等手段，无论是方式方法还是推进路径，都带有鲜明的延安整风运动风格。截至1952年秋运动基本结束时，全国高校教职工的91%、大学生的80%都接受了"思想洗澡"，马克思主义成为中国大学的主流意识形态，同时也为全面推行高度集中的苏联模式大学制度、进行全国范围的院系调整打下了坚实的思想基础，"试图把受西方思想影响的中国高等教育制度按照苏联模式进行改造的措施产生的紧张状态，就这样用思想改造运动缓和了"[1]。思想改造的成果要以制度来延续保障，为了确保执政党的领导和指令可以迅速有效地得到落实，中华人民共和国成立后快速建立起了一套国家政治组织制度，党政组织全面下沉到基层单位和国家各个领域，形成了一个庞大的超级管控体系，对大学的管控方式也是如此。1952年，全国所有大学全部改为公立，由政府集中办学，党的组织系统全面嵌入各大学的校、院、所室等层级，大学教师逐步被赋予国家公职人员和干部身份，以马克思主义为代表的意识形态性在大学中得到进一步强化，大学德育成为马克思主义中国化的重要组成部分。

第二，布局改造，实施了自上而下的大学院系调整重组。中华人民共和国成立初期，百废待兴，大力发展生产力和稳定社会经济秩序成为国家政策的重中之重，中共中央决定从1953年开始实行发展国民经济的第一个五年计划，其核心内容就是国家的工业化，这就对教育事业尤其是大学教育提出了迫切需求。据初步估算，"一五"期间需要工业、运输业、地质勘探等方面的各类技术人员30万人左右，需要技术工人110万人左右，但在1952年，中国国营工业等相关系统中见

---

[1] 张侃.中国大学制度变迁研究[M].北京:社会科学文献出版社,2018:168-171.

习技术人员以上的技术人员只有14.8万人,仅占各系统职工总数的4.5%。① 与此同时,当时的中国大学人才培养能力严重滞后于国民经济发展的需求,办学水平参差不齐、地域分布不均衡、学科门类不齐全。为了配合国家经济建设,1952年,教育部根据"以培养工业建设人才和师资为重点,发展专门学院,整顿和加强综合大学"的方针,在全国范围内进行了高等学校院系调整工作。② 1957年院系调整基本结束,大学数量从中华人民共和国成立初期的206所增加到229所,在校生人数增加了三倍,开设的专业增加了三分之一,国家经济发展迫切需要的学科和专业基本得到了着重发展,高等院校的地域分布、系科专业设置、学生所学专业比例、师资配备与培养、图书仪器、基本建设等方面都发生了积极的变化,但也存在着很多问题与负面影响。"一是在院系调整中对苏联模式的全面模仿没有充分考虑中国的具体情况,犯了教条主义和'一刀切'的错误;二是短时间内通过行政命令方式强制推行的院系调整虽说实现了改革效率的最大化,但是也严重削弱了大学的独立性,学校的个性和特色被抹杀;三是在大力发展工科教育的同时,严重削弱了综合性大学和文科教育,不利于学科的相互渗透、交叉发展,不利于出类拔萃人才的成长和新的学术思想的萌发。"③

　　第三,职能改造,构建了以教学为中心的统一化管理模式。这一轮大学改造的主要目的是确立大学的社会主义性质,这一点通过思想改造和大学党政体系的构建已经实现,还有一个重要目的就是充分发挥大学在培养国家经济社会所需人才方面的作用,即培养"社会主义合格建设者和可靠接班人",这就需要在调整布局的基础上进一步统

---

① 王红岩.20世纪50年代中国高等学校院系调整的历史考察[M].北京:高等教育出版社,2004:15-35.
② 教育部.扎根中国大地　奋进强国征程——新中国70年高等教育改革发展历程[EB/OL].(2019-09-22)[2024-01-24]. http://www.moe.gov.cn/jyb_xwfb/s5147/201909/t20190924_400593.html.
③ 张侃.中国大学制度变迁研究[M].北京:社会科学文献出版社,2018:171-191.

一培养标准,同时强化统一的德育课程和德育要求,以体现社会主义大学属性。这种全国统一化的大学管理模式主要表现在五个方面:一是统一教学计划,1952年10月高等教育部专门发文,制订全国统一的专业教学计划;二是统一编写教材,1952年11月,高等教育部发布指示,编写统一的大学教材;三是统一教学大纲,1953年高等教育部组织制定与教学计划配套的、统一的教学大纲;四是统一专业设置,从1952年院系调整开始,参照苏联专业目录的设置原则与思路,由国家统一设置高等学校的专业,专业名称也由国家统一确定;五是统一教学环节,培养学生的各个环节都由高等教育部统一制定,各校遵照执行。通过全方位的统一化、标准化管理,大学专业、课程、教学与国民生产领域的需求进行了对接,再加上院系调整后行业性大学由相关生产部门直接管理,密切了大学与经济生产一线的联系,从而能够更有针对性地培养各类建设人才,大学的教学功能得到了极大强化。与此同时,近现代大学代表性的知识创新功能则被抑制,一个标志性事件就是1949年11月中国科学院的成立。不同于西方虚化的科学院设置方式,中国的科学院是从事科学研究工作的实体,拥有科研所、实验中心等研究机构,是将大学的知识创新职能剥离出来重新建立的研究体系。[①] 在中华人民共和国成立初期,这样的改革或许能让大学集中力量进行人才培养工作,但从长远发展来看,失去新知识滋养的人才培养必然后继乏力,只能沦为职业技能培训学校,伴随着社会经济的现代化发展,知识创新、知识转化功能必然会成为中国大学现代化进程中不可或缺的重要部分。

二、社会主义大学与德育为先

中华人民共和国成立初期,中国教育的指导方针仍然是新民主主义教育,当社会主义改造基本完成之后,原本的教育方针愈来愈不适

---

① 张侃.中国大学制度变迁研究[M].北京:社会科学文献出版社,2018:177-184.

应社会主义国家建设的需求。1957年2月,毛泽东在最高国务会议第十一次(扩大)会议上作《关于正确处理人民内部矛盾的问题》的报告,在"知识分子问题"中明确提出了"我们的教育方针,应该使受教育者在德育、智育、体育几方面都得到发展,成为有社会主义觉悟的有文化的劳动者"①,并多次强调要三育并举、德育为先。把德育与智育区分开来分别作为教育的重要组成部分进行强化,似乎也正是由此开始。在德育为先理念的指导下,此后的中国大学德育实践走向了两个强化:一是强化大学德育中的思想政治教育内容。毛泽东指出,"在知识分子和青年学生中间,最近一个时期,思想政治工作减弱了,出现了一些偏向。在一些人的眼中,好像什么政治,什么祖国的前途、人类的理想,都没有关心的必要。好像马克思主义行时了一阵,现在就不那么行时了",并提出"针对着这种情况,现在需要加强思想政治工作"。②二是强化德育工作队伍建设。中国共产党一直高度重视高等教育体系中的德育队伍建设,1933年在江西瑞金创办了中国工农红军大学,在红军大学里便设有训育工作;1937年在中国人民抗日军事政治大学设立政治部,实施政治指导员制度,负责党的思想政治工作,在学员大队配备政治委员,中队配备政治指导员,全面负责基层中队学员的思想、学习、健康和生活等工作,协助学校领导对学员进行教育和管理。③毛泽东也十分关心青年学生的德育工作,认为"共产党应该管,青年团应该管,政府主管部门应该管,学校的校长教师更应该管"④,这也为中国大学德育自上而下的管理体系构建、工作队伍组建奠定了基础。德育与智育在中国大学逐渐生长为相对独立的两个部分,而思想政治教育成为中国大学德育的重要组成部分。

---

① 毛泽东文集(第七卷)[M].北京:人民出版社,1999:226.
② 毛泽东文集(第七卷)[M].北京:人民出版社,1999:226.
③ 唐文红.我国高校辅导员队伍建设政策研究[D].桂林:广西师范大学,2016:25.
④ 毛泽东文集(第七卷)[M].北京:人民出版社,1999:226.

第五节　改革开放后的大学发展

党的十一届三中全会后,政治、社会、文化全面拨乱反正,而在大学层面的拨乱反正,首先就是对知识,特别是以现代科学知识为代表的高深知识的重新认知。

一、中国大学的现代化转型

改革开放初期,面对中国大学严重滞后于现代化建设需求的客观现状,新一轮的大学改革全面推进。虽然依旧是强政治性并由政府主导的改革,但这一次不再像洋务运动时期照抄欧洲模式或仿照源自欧洲模式的日本模式,也反思了中华人民共和国成立初期发展的弊端,不预设模板、不照搬权威先进,甚至也没有等到构建出完整的理想化蓝图再启动,而是在改革开放大方向的指引下开始了"摸着石头过河"的探索历程,这与几乎同步启动的经济体制、社会治理、法治建设等方面的改革是步调一致的。正如诺贝尔经济学奖得主科斯所说的:"改革之初,中国领导人没有现成的模式可以依靠,只能走实验之路,并对任何事先设定的蓝图产生了怀疑。当中国苦苦追求富强之路时,它逐渐摆脱了激进的意识形态,回归实用主义。在此斗争中,中国依靠的是自己的文化资源——实事求是。尽管邓小平把它称为马克思主义的精髓,但实事求是其实是传统中国的文化大义。"[①]

1977年,高考制度的恢复与完善,确立了大学人才选拔的公平竞争原则,激发了广大青年学习知识的主动性,振奋了广大教师的育人积极性,为后续大学知识传承功能的重建与发展奠定了基础。1978年,中国仅有普通高等学校625所,在校生86.7万人,高等教育毛入

---

① 朴雪涛.中国特色现代大学制度研究[M].北京:人民出版社,2020:131.

学率为1.5%,到2002年全国高等教育毛入学率突破15%,达到国际公认的高等教育大众化水平。① 根据《2022年全国教育事业发展统计公报》,截至2022年,全国共有高等学校3013所(含独立学院164所),在学总规模4655万人,高等教育毛入学率59.6%。② 这些数据说明我国已跨入高等教育普及化阶段,高等教育毛入学率明显高于世界平均水平,特别是与改革开放前的落后情况相比,可谓发展速度惊人。这一方面体现了中国高等教育的后发优势、与国家社会发展大势的一致性;另一方面也是得益于中国政府集中力量办大事的管理体制。

1981年1月1日,《中华人民共和国学位条例》正式实施,标志着我国具有法治保障意义的学位制度正式建立,同时也宣告了以研究生培养为表征的知识创新功能正式在中国大学生根发芽,而知识创新功能的出现标志着中国大学真正走上了现代化道路。1982年全国仅有博士研究生13人、硕士研究生5773人,2022年的教育部统计数据为在学博士生55.61万人、在学硕士生309.75万人。中国大学知识创新能力的长足进步不仅体现为研究生数量的增长,更体现在以大学师生为主体完成的科研成果在国家科技发展总量中的占比,以"十二五"期间(2011—2015年)为例,大学牵头承担了80%以上的国家自然科学基金项目,国家科技三大奖中大学获奖占授奖总数的60%以上,依托大学建设的国家重点实验室占到总数的60%。③ 即使不考虑这些年大学为各行各业输送的数千万接受过高深知识系统传授与学术训练的毕业研究生,大学业已成为中国社会毋庸置疑的知识中心。

1983年,北京景山学校建校20周年,邓小平为其题词:"教育要面

---

① 朴雪涛.中国特色现代大学制度研究[M].北京:人民出版社,2020:65.
② 教育部.2022年全国教育事业发展统计公报[EB/OL].(2023-07-05)[2024-01-24].http://www.moe.gov.cn/jyb_sjzl/sjzl_fztjgb/202307/t20230705_1067278.html.
③ 朴雪涛.中国特色现代大学制度研究[M].北京:人民出版社,2020:70-71.

向现代化,面向世界,面向未来。"①"三个面向"的思想一经提出,便掀起了教育界的热烈讨论。1985年,以"三个面向"教育思想为指导的《中共中央关于教育体制改革的决定》正式颁布,一场从体制改革入手的教育领域的全面改革由此展开。此后至今的几十年里,中国的大学体制改革从未间断,甚至在一定领域有所反复,但总体方向仍是"三个面向"。与现代化发展需求密切对接的知识传承与创新功能在中国大学高速发展起来的同时,办学规模扩张、科学研究拓展所带来的资源紧缺,以及知识经济时代产业界的旺盛需求,都给中国大学带来了发展知识转化功能的内生动力与有利外部条件,这与之前论述过的欧美大学现代化进程阶段具有相似性。同时,中国大学自古以来的强政治性与政府高度管控模式,使其在探索知识转化路径时不仅与产业界形成合作,还更多地关注、服务国家与地方的经济社会建设,致力于持续推进孵化高新企业的大学科技园、大学与地方政府联合共建研究院、师生科技下乡与精准扶贫等具有中国特色的探索。习近平总书记在2016年的全国高校思想政治工作会议上对大学的社会服务职能进行了全面概括:"我国高等教育发展方向要同我国发展的现实目标和未来方向紧密联系在一起,为人民服务,为中国共产党治国理政服务,为巩固和发展中国特色社会主义制度服务,为改革开放和社会主义现代化建设服务。"②虽然从本质上看都是发挥知识的转化功能,但中国大学的这一功能无疑带有更高的战略导向和国家属性。

从世界大学的发展史来看,知识保存功能是其与生俱来的,即使是在最特殊的历史时期,大学的这一功能也必然存在,中国大学自然也不例外,并且在现代化进程中被赋予了更为深远的使命。2011年,胡锦涛在庆祝清华大学建校100周年大会讲话中,将大学的职能明确

---

① 邓小平.邓小平文选(第三卷)[M].北京:人民出版社,1993:35.
② 习近平.习近平谈治国理政(第二卷)[M].北京:外文出版社,2017:376-377.

为"人才培养、科学研究、社会服务、文化传承创新"①四个方面,将大学的知识保存功能提升到了文化传承的高度,这就要求中国大学不仅要善于保存知识,还要善于鉴别知识,弃旧立新,有选择地保存精华、淘汰糟粕,其中必然涉及知识的价值判断问题,这也正是中国特色社会主义大学的独特之处。

二、中国大学德育的独特性

改革开放后,正是在实事求是的实践探索中,中国大学的现代化进程虽然也有曲折反复,但小步快走的渐进式改革模式初见成效,中国大学已在不到半个世纪的时间里快速成长为与世界接轨的知识共同体。在2023年泰晤士高等教育世界大学排名榜单中,95所中国高校入选,清华大学更是成为亚洲排名第一,世界排名第16位。与此同时,不可否认的是,中国大学的现代化走出了一条不同于西方大学的特色道路,而最具有中国特色的正是已深深融入中国大学血脉的强政治化,这一点体现在教育上,就是中国特色的大学德育。

中国大学德育经历了从阶级德育、斗争德育到科学德育、德育科学化的转变,研究者和实践者不断探索德育规律、研究德育过程,在比较中摸索前进,逐渐形成了一整套中国大学所特有的德育体系。

一是统一化的德育要求。 中华人民共和国成立后,各个时期的学校德育有着不同的主题和内容,但其共同的特点就是全国统一、自上而下进行,如社会主义改造时期大力推进以"五爱"为核心的社会主义教育活动,土地改革时期鼓励师生广泛参与社会实践活动以培养阶级观点、劳动观念和群众观点,抗美援朝时期广泛开展爱国主义教育、国际主义教育等。这些德育实践的经验为改革开放后尽快随着党和国家工作重心的转移调整大学德育方针政策起到了积极作用,从改革开

---

① 胡锦涛.在庆祝清华大学建校100周年大会上的讲话[M].北京:人民出版社,2011:7.

放初期坚持四项基本原则教育、社会主义精神文明建设教育,到进入21世纪后,随着国家建设和时代发展情况提出的公民教育、社会主义核心价值观教育、科学道德和学术规范教育等,继续沿用全国一盘棋的模式,但在要求上会更多考虑大学德育的特点和特性。[1]

二是标准化的德育课程。德育课程是学校为实现特定的德育目标、传递德育内容而进行的系统规划和设计[2],德育课程一直是中国学校实施德育的主渠道,在学校德育活动中占据重要地位。党的十一届三中全会以后,中国进入改革开放的新时代。针对学校德育存在的问题,1979年,教育部召开了全国中小学思想政治教育工作座谈会,随后中小学德育课程全面恢复并进行改革,大学德育课程的改革也紧随其后。1979年5月,教育部政治理论教育司发表了《高等学校政治理论课的基本情况和存在问题》,对中华人民共和国成立以来的政治理论课课程建设情况进行了分析。1980年7月,教育部制定了《改进和加强高等学校马列主义课的试行办法》,规定全国高校本科开设"中共党史""政治经济学""哲学",同时文科加开"国际共产主义运动史",也可以试开"科学社会主义",从而正式开启了大学德育课程的标准化建设之路。[3]

三是专门化的德育队伍。思政辅导员队伍无疑是中国大学中最成体系、最具规模的专门化德育队伍。从教育部对辅导员配备的数量要求来看,《普通高等学校辅导员队伍建设规定》明确,"高等学校应当按总体上师生比不低于1∶200的比例设置专职辅导员岗位,按照专兼结合、以专为主的原则,足额配备到位"。中国大学的辅导员队伍不仅有数量上的配备门槛,而且对其工作职责、职业能力、培训考核等均有

---

[1] 张忠华.共和国教育学70年(德育原理卷)[M].北京:北京师范大学出版社,2020:247-248.

[2] 杜时忠.德育研究[M].福州:福建教育出版社,2019:150.

[3] 张忠华.共和国教育学70年(德育原理卷)[M].北京:北京师范大学出版社,2020:99-101.

严格规范。近年来,教育部出台了《普通高等学校辅导员队伍建设规定》(中华人民共和国教育部令第 43 号)、《关于加强高等学校辅导员班主任队伍建设的意见》、《高等学校辅导员职业能力标准(暂行)》、《关于加强高校辅导员基层实践锻炼的通知》等一系列文件,各地教育主管部门和高校也纷纷出台辅导员队伍建设相关文件,对辅导员队伍建设进行制度化规范。① 除了辅导员队伍,中国大学还在现代化进程中不断探索完善德育工作的专业化、专门化队伍建设,如心理咨询师队伍、职业发展规划师队伍、组织员队伍、国际化专员队伍等。不仅是在德育工作一线,校级层面的德育指导工作也在不断精细化、专门化,如成立专门负责师德师风工作的教师工作部、负责研究生德育工作的研究生工作部等。中国大学的德育实践在全员、全过程、全方位的"三全"理念指导下,不断走向科学化、专门化、精细化。

---

① 王海宁.高校辅导员队伍专业化职业化建设的现实审视与优化路径——基于全国 4000 余名高校辅导员的问卷调查[J].思想教育研究,2020(12):151-155.

第五章　中国大学德育共同体的时代面向

　　自古以来,德育在整个中国教育体系中有着举足轻重的位置。受制于过去较低的生产力发展水平和科学知识水平,教育的主体内容就是道德文化,虽有很多历史沉渣,但也积累了大量鲜活的实践经验和方法,最重要的是形成了德育为先的文化理念。中华人民共和国成立之后,中国大学的快速发展带动了大学德育政策、德育实践、德育研究的不断深化,对德育的高度重视也成为中国特色社会主义大学的鲜明特色之一。

第一节　中国大学德育传统的时代审视

　　作为一个有着悠久德育传统的古老国度,中国的大学德育主要源自对本国德育文化和苏联德育模式的借鉴融合:一是对中国古代优秀德育理念的继承发展,如尊师重教、诚实守信等道德标准,慎独、笃行等德育原则,都为人们所广泛接受;二是对革命战争时期中国共产党德育实践的优秀经验借鉴,如开设以马克思主义理论为基础的德育课程,采用以集中学习、集体灌输为主的教育方式等;三是在中华人民共和国成立后,在"以俄为师"方针指导下对苏联教育模式的批量化学习借鉴,如对政治思想和品德教育的高度重视,对社会主义、爱国主义、集体主义教育的突出强调等。中国的文化土壤具有深厚的政治属性,在中国大学的国家属性和传统德育的政治属性双重叠加之下,中国大学的德育传统突出表现为强政治性,并由此衍生出教育方式的单向化、教育内容的同质化、教育导向的空泛化等。改革开放后,中国以崭新的姿态接轨国际,中国大学也正以快速转型发展之姿融入全球大学所构成的知识共同体。始终重视德育是中国大学坚持社会主义办学方向的重要经验,但在当前的知识时代大背景下,如何传承与淘汰、坚守与扬弃、创新与迭代,是对中国大学与时俱进的重要考验。

一、单向化与高知群体的能动性

中国德育的传统方式是单向化的,对于已经具备相对完整道德知识体系的当代大学生群体而言未必适用。中国有句古话"一日为师,终身为父",在极为注重纲常伦理的古代中国,师道尊严是不容置疑的,知识传授也好、道德教化也罢,老师教、学生学的方式似乎天经地义,长此以往,教育的单向化倾向被不断强化。德育的单向化传统在很多时候体现为人们更熟悉的教化思想。"教化"二字合用始于春秋战国时期,《荀子·王制》中有提及"论礼乐,正身行,广教化,美风俗,兼覆而调一之,辟公之事也",礼乐教化也是中国古代教育集大成者孔子的重要思想之一。虽然教化思想随着社会的发展而有所变化,但其与权利的高度关联性必然指向自上而下、自强势方向弱势方的单向化势能流动。当今中国,"社会发展和人的主体性逐渐觉醒的现实情况向'教化'提出了由社会本位向权利本位,进而向人本位转变的客观要求。可见,这是时代发展的需要,也是儒家思想文化追求人性解放的一大进步"[①]。

中国大学德育也同样面临着社会、经济、文化的全面发展和师生主体性的舒张需求,在一定程度上,这种转变的迫切性甚至比其他领域更强烈。大学是高知群体最密集的领域之一,在知识创新的体系中,能动性强、善于独立思考、不盲从权威被认为是激发创新不可或缺

---

① 周宏.教化与文化:传统大学德育的时代面向[M].北京:中国社会科学出版社,2019:23.

的特质,这与传统德育所倚重的单向化灌输方式无疑是有摩擦的。相较于平均知识水平相对较低的其他社会群体而言,高知群体似乎较少被卷入"人云亦云"的情境,人们普遍认为作为社会引领者、精英层的高知人群对事物的见解更为独到,这种独立思考的认知建构能力也被认为是高知群体的特征之一。近年来,随着科技创新、知识人才对国民经济发展的作用日益凸显,对大学的关注度持续升温,国家和社会不仅对大学生道德水平高度重视,大学教师群体的道德问题也已经成为新的关注点,一批头部大学纷纷成立教师工作部以强化师德师风建设,2018年举行首届全国高校党委教师工作部部长工作研讨会时,便已有北京大学、清华大学等68所高校派出党委教师工作部部长参会。大学德育的根本目的在于立德树人,德育的实施肯定不能以抹杀人的能动性、主体性、创新性为代价,如何提升大学德育的实效性就成为一个广受关注的焦点问题,亦是难点问题。

其实,知识创新和德育工作之间并不应该有所谓的摩擦,二者的核心逻辑是可以融合的,在这一点上,"图式"理论或许可以给我们一些启示。图式是个体基于已有知识结构、个体经验而形成的对认知客体的认知方式。康德最早提出图式的概念,他认为"……存在一个第三者,它一方面必须与范畴,另一方面又必须与显象处于同类关系之中,而且它使范畴在显象上的应用成为可能。这个起居间调停作用的表象必须是纯粹的(不包含任何经验的事项),而且一方面是理智性的,另一方面是感性的。这样一种表象便是先验的图式"[1]。皮亚杰不赞同图式先验存在的观点,他认为,图式是人在后天认知过程中不断积累沉淀下来的认知模式,并将认知过程归纳为"同化"和"顺应"两种机制:当认知客体与主体原有的图式相匹配时,新的认知被纳入原有图式框架使其更丰富,即实现同化;当认知客体与主体原有的图式无法匹配时,新的认知可能被拒斥,也可能改变原有图式框架以融合,即

---

[1] 康德.纯粹理性批判[M].韩林合,译.北京:商务印书馆,2022:232.

实现顺应。德育的实质就是使人构建起符合特定社会要求的道德图式,大学所推崇的知识创新无疑是指向推动科学发展的,而科学发展的逻辑其实也适用于图式理论。美国科学史家、科学哲学家库恩对于科学史的贡献未必为人们所熟知,但由他率先使用的概念"范式"无疑已经成为科学界的热门词汇。范式是指体系或范例,是指"在一个时代里人们对事物具有支配地位的看法,特别是指理应成为处理科学上的问题的前提、在某个时代人们公认的有系统的思想体系"①。可见,如果将科学发展的过程类比人的认知过程,"范式"恰恰可以对应笔者之前所说的"图式"。库恩认为,科学是在常规科学和科学革命的交替中发展的:当符合原有范式的知识创新不断出现,"同化"作用使范式不断被丰富,常规科学不断进步;当无法被原有范式合理解决的"变则事例"不断积累达到临界,对原有范式的信赖开始动摇,科学革命酝酿而生,原有范式发生转换,正类似于笔者前面所提到的"顺应",而由此形成的新的"图式"或者说"范式"就是进化了的科学,比如替代了托勒密"地心说"的哥白尼"日心说"、替代了"燃素学说"的拉瓦锡"氧化学说"等。人的道德认知图式是在不断同化与顺应中螺旋构建起来的,正如科学发展必然伴随着常规科学与科学革命的不断范式转换,这二者均离不开人的能动性。对传统的单向化的德育进行改革势在必行,以教师权威为基础实施的"独白"式德育不符合人的道德发展规律,也与师生教学相长、共同发展的大学育人模式格格不入,构建以尊重、共享、对话为基调的德育共同体将是大学德育改革的方向。

二、同质化与真实个体的差异性

中国德育的传统教育内容是同质化的,这种情况虽然在当前已经有所改变,但距离真正能匹配差异化个体的多元需求仍有很长的路要走。同质化的问题虽然在形式上并不难改变,在理念上却难以短时间

---

① 野家启一.库恩:范式[M].毕小辉,译.石家庄:河北教育出版社,2001:5.

根除，这在一定程度上源自中国延续几千年的儒家经典学习惯性。在漫长的封建时代，特别是科举制实行以来，儒家经典成为"指定教材"，而且是从黄毛小童到白头老翁都"一心只读"的唯一"统编教材"，这在今时今日看来就好比是小学生与大学生共用一本书、共上一堂课一样荒谬，但在大学德育活动中，这样的荒谬并非完全不存在。以德育的主渠道"课堂教学"为例，小学、初中、高中、本科甚至是硕士、博士阶段，"祥林嫂式"的重复仍屡有出现，究其根源，一是对主体的分类研究不够透，二是全周期德育的顶层设计不够全。2020年12月，中共中央宣传部、教育部联合制定颁布了《新时代学校思想政治理论课改革创新实施方案》，提出要"建立纵向各学段层层递进、横向各课程密切配合、必修课选修课相互协调的课程教材体系"，不仅要区分不同教育层次的大阶段差异性，还要"遵循思想政治工作规律、教书育人规律、学生成长规律，编写适用不同类型高校的教材，进一步增强思政课的思想性、理论性和亲和力、针对性"。这在对思政课程的目标体系、课程体系、内容体系、教材体系等具体要求中也有所体现：如在目标设置上，规定"大学阶段重在增强学生的使命担当"，"本科及高等职业学校专科课程重在加强理论教育和学习，高等职业学校课程还要体现职业教育特色。研究生课程重在探究式教育和学习"；在课程设置上，博士阶段要开设"中国马克思主义与当代"必修课程，硕士阶段要开设"新时代中国特色社会主义理论与实践"必修课程，本科阶段要开设"马克思主义基本原理"等五门必修课程，此外，还要求各校结合实际和通识类课程来开设选择性必修课程，进一步规范实践教学，把思想政治教育有机融入社会实践、志愿服务、实习实训等活动中，切实提高实践教学实效。[①] 不仅对思政课程的顶层规划在不断完善，对思政教师的队伍建设也是越来越重视，2020年，教育部颁布了《新时代高等学校思

---

① 中共中央宣传部 教育部关于印发《新时代学校思想政治理论课改革创新实施方案》的通知[EB/OL].（2020-12-22）[2024-01-24]. http://www.moe.cn/srcsite/A26/jcj_kcjcgh/202012/t20201231_508361.html.

想政治理论课教师队伍建设规定》(中华人民共和国教育部令第46号),要求主管教育部门、高等学校要"把思政课教师队伍建设纳入教育事业发展和干部人才队伍建设总体规划,在师资建设上优先考虑,在资金投入上优先保障,在资源配置上优先满足",这三个"优先"所指向的明确目标就是一个:提升思政课教学效果。为了实现这一目标,对思政课教师的岗位要求中有一条专门强调如何改革创新,即"按照政治性和学理性相统一、价值性和知识性相统一、建设性和批判性相统一、理论性和实践性相统一、统一性和多样性相统一、主导性和主体性相统一、灌输性和启发性相统一、显性教育和隐性教育相统一的要求,增强思政课的思想性、理论性和亲和力、针对性,全面提高思政课质量和水平"[①]。

或许有一种声音会说,德育就是应该坚持统一标准,这句话从字面来看似乎有一定道理,但其背后隐含着对人的差异性的无视正是让德育难以落地生根、产生实效的症结之一,因为人是具有不同道德认知图式、不同道德诉求的鲜活个体,是无法标准化量产的个性存在。德育作为对人的思想意识、政治观点、道德品质施加影响的教育活动,在特定历史阶段和社会中一定是有特定内容和标准的,但坚持道德标准和同质化、"一刀切"是完全不同的两码事。在互联网蓬勃发展中成长起来的当代大学生,即使在同样的年纪也可能拥有着差异巨大的认知图式,在德育过程中看到差异、尊重差异、应对差异,创造合适的条件与环境因材施教,这才是达到特定德育目标更为妥帖的方式。因材施教的典故出自《论语·先进篇》,孔子面对不同性格的学生、针对同样的问题先后给出了截然不同的回答,后来逐渐成为人们奉为圭臬的教育基本原则之一。针对学生特点进行分类指导,说易行难,尤其是在已经达到较大学生规模、生师比相对较大、教师分类指导能力参差

---

① 教育部.新时代高等学校思想政治理论课教师队伍建设规定[EB/OL].(2020-01-16)[2024-01-24]. http://www.moe.gov.cn/srcsite/A02/s5911/moe_621/202002/t20200207_418877.html.

不齐的当代中国大学。世上没有完全相同的两片树叶,但我们至少可以分辨出这是何种树的树叶;个体间的差异是方方面面的,但在大学中,我们仍然可以探索德育实施原则与规律,给予主体更适宜的分类指导。

三、空泛化与道德发展的内生性

中国德育的传统导向是崇高化的,当这种崇高被不断放大到脱离实践与个体实际,就容易沦为口号式的空泛,不仅无法推动个体道德发展,甚至还会出现反向作用。全国优秀教师黄大年献身科学、矢志报国的事迹感人至深,但有些媒体为了塑造其悲情形象,过分强调他透支身体、英年早逝,反而会引起部分青年科研工作者的抵触情绪,对于绝大多数年轻一代的科研生力军来说,加强锻炼、健康长寿、"为祖国健康工作50年"无疑是更符合其个人愿景与发展路径的价值导向。成圣成贤是中国传统德育的理想与标尺,对圣人的崇拜与无形塑造在民族文化心理中扎根已深,正是在这种"动欲为圣贤"的心态作用下,"手撕日本鬼子"的抗日神剧才能大行其道,做好事不够必须一辈子只做好事的"雷锋模板"才会应势而生。道德教育的目标理应导向崇高,但教育的形式、内容、方法必须落地,所谓"顶天立地",绝不是飘在空中的"海市蜃楼"。从本质上来看,德育的空泛化源自对现实生活的架空,在现实之外构想了一个理想化的完美道德世界,只讲应然、不管实然,只谈愿景、不顾事实,这样的德育必然沦为无源之水、无本之木,美好但空洞的大道理虽然听上去没有什么错误,但因其脱离了现实基础、脱离了个体的现实存在,难以激发情感共鸣,恐怕连"同化"都很难产生,更不用说是改变认知图式实现"顺应"的效果了。在当前这个自媒体盛行的时代,网络上出现了难以计数的所谓"鸡汤文",有网友调侃说区分是"好鸡汤"还是"毒鸡汤"的方法很简单,那些只给你画饼而不告诉你如何做饼的就是"毒鸡汤",或许,区分德育工作好坏的方法也不过如此。

康德提出:"道德培养必须以准则而非规训为基础。后者是为了防止越轨行为,前者则是对思维方式加以塑造。"①中国德育长期以来的空泛化倾向,带来的直接后果就是对道德思维能力的培养重视不够、办法不多、效果不佳,进而导致个体道德发展的内驱力不足。反观很多号称价值中立的西方大学,其实在道德思维能力的培养上恰恰有很多值得我们借鉴之处。以美国大学为例:以1945年出版的《哈佛通识教育红皮书》为标志,美国大学立足通识课程培养学生道德思维能力的做法贯彻至今,杜鲁门政府的《总统报告》(1947年)、《哈佛核心课程报告》(1978年)、《2000年目标:美国教育法》(1994年)、《通识教育特别工作组报告》(2007年)等,均强调要通过通识课程培养学生形成对思想、理论、行为的批判性意识,确立其主体意识和价值立场,使其具备做出明确价值判断和选择的能力,成为认同核心价值观、维护社会价值规范的公民。② 相较而言,当前中国所沿用的依然是传统农业社会时期形成的道德教育模式,它试图向学生传授一种固定的、单一的道德价值并努力保证学生整齐划一地信服这种价值。这种教育在相对稳定和封闭的社会中也许有其存在的合理性,但在开放、流动的社会状态下,在多种价值观冲突并存的现实条件下,如果仍然囿于以简单地肯定一些价值、否定另一些价值的方式教育学生,则只会导致学生价值观的混乱,从而丧失本应有的教育效度。事实上,当代大学"无法通过自上而下、由外而内的外生性强制措施组建共同体,而只能使学校多元主体自觉承担德育责任并切实感觉到对其内在需求,根据多元主体的意愿以内生性方式来构建生成"③。

---

① 康德.论教育学[M].赵鹏,何兆武,译.上海:上海人民出版社,2005:35.
② 张宝予,杨晓慧.美国高校价值观教育路径研究——基于通识课程的视角[J].思想教育研究,2019(5):129-133.
③ 任少波,范宁宇.道德教育共同体:学校道德教育的公共性建构[J].教育研究,2021(5):66-76.

第二节　中国大学德育共同体的时代基础

改革开放后,中国大学迅速走上了现代化之路,在不到半个世纪的时间里,就实现了高等教育普及化(高等教育毛入学率达到50%),并成为本国乃至国际舞台上重量级的知识共同体。虽然与之相伴也出现了一系列的问题与发展阵痛,但从总体上来看,这条独具中国特色的大学现代化之路无疑是成效显著的。

当我们将中国大学的发展历程与世界大学的主流发展模式进行比较时发现,中国大学近50年的发展道路是与世界大学的主流发展模式有所区别的:欧美大学基本遵循的是知识共同体的发展逻辑,虽然也受到政治力量的干预与经济、社会、文化等外部因素的影响,但总体而言,"知识性"才是主导大学发展的本质属性。传统大学以知识保存、知识传承为主要功能;知识创新功能发展起来的时候,大学进入近代化阶段;当大学与社会的联系进一步密切时,知识转化功能发展起来,大学进入现代化阶段——这是一个由大学知识属性内生驱动为主的循序渐进的过程。中国大学虽然也已经快速追赶并进入现代化阶段,但自西方大学制度引入中国的百余年间,国难频发、政权更替的客观现实与中国自古以来的基因影响,使中国大学的知识功能在改革开放后才真正获得稳定发展,因而"知识性"在中国大学的发展历程中存在感并不强,反倒是政治性、集体性、实践性十分鲜明,这一中国特色也孕育了大学德育共同体的形成。

一、强政治性与立德树人共同目标

所谓德育共同体,指的是全体成员以共同道德信仰和价值认同为基础,以共同德育目标驱动的多元主体的有机结合。要形成大学德育共同体,首先要具备成员全体认可的道德信仰和价值理念,这种共同信仰与理念是内化的、隐性的,而其外化的、显性的表征就是大学的目标。中国大学的强政治性决定了全国大学目标导向的高度一致性,虽然每个学校的具体办学方针各不相同,但其根本目标只有一个:立德树人。

德才兼备、以德为先,从古到今都是中国选才、育才的标准。"立德"一词最早出现于《左传·襄公二十四年》,文中记载了鲁国大夫叔孙豹的话"太上有立德,其次有立功,其次有立言。虽久不废,此之谓不朽",将"立德"置于人生首位的思想也延续至今。"树人"的记载最早可见于《管子·权修》,原文是"一年之计,莫如树谷;十年之计,莫如树木;终身之计,莫如树人",把人才培养与种植庄稼、树木对比,形象地表达了人才培养的长期性和重要性。中国大学的人才培养也一贯注重德性养成,清朝晚期筹建京师大学堂时,便将培养目标定为"端正趋向,造就通才",这"端正趋向"四字就是"正德"的另一种表述。中国共产党执政后,在人才培养观上也是一脉相承的,当然,在特定的时代背景下,"德"与"才"的内涵是发展变化的。中华人民共和国成立初期,以毛泽东同志为核心的第一代中央领导集体把德、智、体全面发展作为培养社会主义事业合格接班人的基本要求[1];改革开放后,邓小平同志提出要培养"有理想、有道德、有文化、有纪律"[2]的社会主义"四有"新人;2007年8月,胡锦涛在全国优秀教师代表座谈会上的讲话中提出,"要坚持育人为本、德育为先,把立德树人作为教育的根本任务"[3];2012年11月,党的十八大报告正式把"立德树人作为教育的根本任务"确立下来,这也标志着中国大学的共同目标得以正式确立,大学德育共同体的同一性目标基础初步形成。

党的十八大以来,习近平总书记围绕高校立德树人问题做了进一步阐述,他指出"人才培养一定是育人和育才相统一的过程,而育人是

---

[1] 袁贵仁,韩震.新世纪中国共产党的价值观[M].北京:人民出版社,2003:169.
[2] 邓小平.邓小平文选(第三卷)[M].北京:人民出版社,1993:110.
[3] 胡锦涛.在全国优秀教师代表座谈会上的讲话[M].北京:人民出版社,2007:3.

本。人无德不立,育人的根本在于立德"①;关于"立何德"的问题,他认为"核心价值观,其实就是一种德,既是个人的德,也是一种大德,就是国家的德、社会的德"②,"核心价值观是一个民族赖以维系的精神纽带,是一个国家共同的思想道德基础"③;关于"如何立德"的问题,他提出要"通过教育引导、舆论宣传、文化熏陶、实践养成、制度保障等,使社会主义核心价值观内化为人们的精神追求、外化为人们的自觉行动"④。

从中国大学的现代化发展进程来看,立德树人目标的确立也从侧面明确了中国大学知识功能的发展方向:知识创新与转化虽然重要,但人才培养才是大学的根本,知识传承才是大学最根本的知识功能。2018年,教育部提出要坚持"以本为本",推进"四个回归",进一步强化了以知识传承为主体的本科教育在大学中的重要性;2020年5月,时任国务院总理李克强在政府工作报告中指出要"加快建设国家实验室,重组国家重点实验室体系,发展社会研发机构",现有的国家重点实验室大多依托大学建立,与大学发挥知识创新功能关系密切,而这一轮改革重组必然预示着大学知识创新体系的重新梳理与定位。

尽管"国外许多教育家提倡'知识'就是大学的追求和目的,推崇'价值中立'。对当代中国而言,大学的属性具有鲜明的意识形态特点,以'立德树人'为根本任务,全员育人、协同育人,事实上构成并不断完善'德育共同体',从而实现对'学术共同体''学习共同体'的提升,并以此彰显其中国特色,探索教育创新的中国道路"⑤。

二、强集体性与多元主体协同交互

既然是共同体,除了要遵循共同的目标与理念,构成共同体的主

---

① 习近平.在北京大学师生座谈会上的讲话[N].人民日报,2018-05-03(2).
② 习近平.青年要自觉践行社会主义核心价值观[N].人民日报,2014-05-05(2).
③ 习近平.在文艺工作座谈会上的讲话[N].人民日报,2015-10-15(2).
④ 习近平.在文艺工作座谈会上的讲话[N].人民日报,2015-10-15(2).
⑤ 任少波,楼艳.论高校德育共同体的三重意蕴[J].高等教育研究,2018(8):86-90.

体还应具有多元性与交互性。从宏观层面来看,中国大学德育共同体由所有德育目标一致的大学共同构成,虽然数量众多、地域分散、发展并不平衡,但大学与大学之间在德育领域有多层次交互:一是围绕教育部、各省级教育厅等官方机构搭建起来的互动平台,如辅导员年度人物评选、各级各类大学思政工作会议等;二是依托学科专业、地域归属、历史渊源等属性由大学自发建立起来的互动通道,如跨校联合招聘会、党团联合活动等;三是一些因各种原因而产生的个体间互动,如学生结伴开展社会实践等。从中观层面来看,每一所大学都是一个德育共同体,无论是最粗略的教师与学生简单二分法,还是按照各种类别划分出各式各样的主体类别,至少有一点是确定的——从微观层面来看,大学里的每一个人都是德育活动的参与者、德育过程的相关者,而不仅只有思政课教师、思政辅导员、班主任或需要被教育的学生才与德育相关,即使是宿舍楼长、食堂阿姨,他们也是大学的一部分,也会与师生产生互动、互相影响,自然也属于德育共同体的一部分,这就是所谓的"全员育人、全过程育人、全方位育人",这才是立德树人根本任务之所以"根本"。

作为多元主体的每一个人当然是独立的个体,但中国传统文化中浓厚的"集体"色彩,特别是无产阶级革命斗争时期所高度强调的集体性,也印刻在了中国大学的基因里。中国传统集体主义有着悠久的历史形成发展过程,先秦时期严峻的生存条件与低下的生产力水平,使古代中国基于血缘、部落萌发出了天然而朴素的群体互助关系;漫长的封建社会阶段以儒家纲常伦理为基础构建起了牢固的家国本位思想,君为臣纲、父为子纲、夫为妻纲,把个人归之于家庭,把家庭归之于国家,把国家归之于天子和天地,构建了严格的等级制度和以家国一体为象征的传统集体主义;新民主主义革命后,特别是伴随着马克思主义在中国的传播,封建道德体系受到人们的批判,个人不应是国家和家族的依附,马克思主义强调个人能动性和人民群众力量的集体主义思想被越来越多的中国人所认同。虽然在中华人民共和国成立初期,存在片面强调集体利益、剥夺一切个人利益的现象,但改革开放后,社会秩序回归正轨,集体主义与个体的丰富性、多样性得以共生,而这也恰恰促成了大学德育主体的协同性和多元化。中国大学对集体性的重视不仅体现在班团、社团等集体组织的建设上,更体现在对团队精神、协作意识、助人品格的关注与赞许。可以说,强集体性的基因已经深植于中国大学,也正是因此,才大大强化了各主体的交互频度和密度,推动了德育共同体的形成。

三、强实践性与共同体的生态演进

中国近现代大学最初是模仿日本东京大学的模式创建了京师大学堂,此后又开始学习美国和欧洲,如中法大学沿用了法国天主教大学的模式,德国把工程技术大学这一模式引入受其资助的工科和医科大学,蔡元培主政北京大学时偏重采用柏林大学模式,尤其注重学习洪堡的大学自治和学术自由理念。中华人民共和国成立后,出于意识形态领域的斗争原因,中国开始转为"一面倒"地学习苏联模式。[①] 中国大学发展的外部环境一直是充满变数的,这百余年间,已延续数千年的封建王朝覆灭、中华民国建立、抗日战争与解放战争接续爆发,从中华人民共和国成立到改革开放后的经济体制转变,中国大学一直走在"少有人走的路"上。在这百余年间的前一多半时间里,中国人把各种大学模式学了个遍,虽然未必完全学到了精髓,却也破除了对别国模式的崇拜,开始真正致力于探索扎根中国大地办大学的中国模式。近几十年,"摸着石头过河",不追求模式、以实践检验,反倒是隐约走出了一条中国特色的大学现代化之路。

1966年,英国剑桥大学副校长阿什比博士第一次提出了高等教育生态学(ecology of higher education)的概念,并指出"任何大学都是

---

① 张侃.中国大学制度变迁研究[M].北京:社会科学文献出版社,2018:280-281.

遗传和环境的产物"[①]。他认为,若将输出国的大学模式看作"种子",将输入国的社会定义为"土壤",大学移植自然会遇到种子与土壤之间的匹配问题:若作为种子的大学模式不能适应新的土壤,移植则难以成功,这时就必须探索新的生长方式或匹配模式;而大部分情况下,大学模式的移植会出现"选择性嵌入",即从他国移植来的大学制度,有一些符合环境的因素被保留了下来,而其余不适合环境的因素则被忽视。例如,中华人民共和国成立初期对苏联模式进行全面学习时,就特别强调学习苏联将高校专业与国民经济部门对口设置,其目的就是要培养专门人才和工程师,但在人才培养目标上,中国则更多地采用"德才兼备"等匹配本国传统文化的提法,延续了几千年来将德性培养放在人才培养首位的习惯;在很多办学细节上也是如此,当时的苏联大学一般为走读制,因此采用"六节一贯制",即上午开始连续上课至下午2点后吃午饭,但中国大学的传统是住宿制,没有必须六节连上的客观条件限制,因此高教部在1954年10月通知纠正了这一与中国土壤并不适应的做法。[②]

　　中国历史上数次移植国外大学模式的尝试,之所以成效有限,一方面是受到外部动荡环境的影响而缺乏稳定支撑;另一方面也是因为驱动西方大学茁壮生长的内生知识性,在当时的中国社会土壤中难以攫取足够的养分使其生根发芽。改革开放后,中国大学在不断实践中"汰旧换新",正如生命体需经优胜劣汰方能进化,大学也在不断的实践探索中自我演进。"在生态学中,生物的遗传与变异是自然界中普遍的现象,是生物进化的基础。德育共同体的'遗传'与'变异'符合德育发展规律和时代发展规律,体现了其传承与发展的辩证统一,在传

[①] 阿什比.科技发达时代的大学教育[M].滕大春,滕大生,译.北京:人民教育出版社,1983:147.

[②] 董宝良.中国近现代高等教育史[M].武汉:华中科技大学出版社,2007:284-286.

统与变革之间反映了德育形态演化的必然性。"①

第三节　知识时代的中国大学使命与德育共同体

自人类社会出现以来,道德就形成了,广义层面的德育也相伴而生。中国古代教育的核心内容就是德育,这一方面是因为我国长期处于农业经济时代,生产力水平较低,生产劳动中总结形成的经验与技能被认为是低等级的知识而难登大雅之堂;另一方面也是因为中华民族自形成之初便幅员辽阔、部族众多、社会关系复杂,以道德伦理为基础维系着的宗族礼制成为社会稳定的基石,人们长期推崇的是以礼法纲常为代表的道德知识。这种传统认知倾向直到近代才出现扭转,自然科学的突破推动了生产力的蓬勃发展,自然科学知识成为工业经济时代的"新贵",中国的教育体系也随之出现了道德教育与知识教育的分野,"1919年,蒋拙诚的《道德教育论》出版,标志着德育原理作为一门学科开始在我国得到研究"②。时代变迁的车轮是一刻不停的,1997年,经济合作与发展组织(OECD)在《1996年科学技术和产业展望》报告中提出了"以知识为基础的经济",此后越来越多的国家和地区将知识经济时代定义为区别于工业经济时代的新经济形态,知识经济的概念席卷世界。"经济基础决定上层建筑"是经受了时代反复检验的真理,面对崭新的知识经济时代,作为与知识密切关联的中国大学又该何去何从?

---

① 曹政,任少波.论德育共同体的内生性、协同性与生态性[J].浙江社会科学,2020(12):112-116,160.
② 张忠华.共和国教育学70年(德育原理卷)[M].北京:北京师范大学出版社,2020:28.

一、立德树人：培养符合知识社会需求的德才兼备的高素质人才

迈入 21 世纪，随着知识创新在经济发展中居于日益重要的战略地位，以知识的生产、传播、应用和消费为核心的经济形态已然兴起，且将在可预见的未来蓬勃发展。这一图景早在 1963 年克尔出版其著作《大学之用》一书时已经预见，他在书中提到，对大学来说，最基本的现实是人们普遍认识到新知识是经济发展和社会进步最重要的因素，大学的无形产品"知识"或许正是最有力的单一要素，影响着职业、社会阶层、地区，甚至是国家的兴衰。[1] 作为新知识的重要生产者和提供者，大学也从经济社会的边缘逐渐走入中心，成为知识时代推动知识生产、传播、应用的重要枢纽。身处崛起中的世界第二大经济体，面对知识时代的机遇与挑战，中国大学肩负着历史的使命，必须回应时代的需求。

当前的中国正处于从工业社会向知识社会转型的大趋势之中，而这种转型最终要依靠人来完成，正如农业社会依靠的是土地所有者和农民、工业社会依靠的是资本所有者和产业工人，知识社会依靠的是拥有专业化知识和出色学习能力的知识所有者和生产者，受过良好教育的人及他们所拥有并使用的知识已经成为决定个人生活质量的关键，也是决定国家整体实力和经济发展的关键，知识的力量日益被人们所看见，力量汇聚形成权力，权力的转移带来社会的转型。知识时代的转型不仅是产业层面的，更是教育层面的，因为人是一切的核心，而教育正是塑造人、改变人、实现人的转型的最强有力手段。无论时代如何改变，人才培养始终是大学的最大使命，大学对社会的贡献不仅在于培养了多少政治领袖、商业精英、行业专家，大学对人类、对整

---

[1] 阿罗诺维兹.知识工厂:废除企业型大学并创建真正的高等教育[M].周敬敬，郑跃平,译.北京:高等教育出版社,2012:30.

个社会更为深远的影响在于,借由它所培养的人引领了社会的进步、拓展了真理的边界、延续了文明的光辉。如果把大学培养输送给社会的人才看作是大学生产的产品,那有德无才的是"次品",无德无才的是"废品",有才无德的是"危险品",只有德才兼备的人才能算作"合格品"。立德树人是中国大学的根本任务,从党的十八大到党的二十大,从全国高校思想政治工作会议到全国教育大会,在中国高等教育领域,有一种共识正逐步形成,大学必须"围绕学生、关照学生、服务学生,不断提高学生思想水平、政治觉悟、道德品质、文化素养,让学生成为德才兼备、全面发展的人才"①。立德树人、以生为本、德育为先等一系列共同理念已经逐渐成为全国大学的办学共识,这也为大学德育共同体的构建奠定了价值基础,各校在德育共同体构建过程中不断探索社会主义核心价值观与课程学习、科学研究、社会实践等育人全过程的有机结合。如何更好地全面落实立德树人这一重任,是中国特色社会主义大学亟须破题的时代使命。

二、引领未来:在持续探索发展中服务变化的社会和社会的变化

曾经在很长一段时间里,人们认为大学是屹立于社会变革之外的"象牙塔",知识的保存和传承功能使其更多地扮演文明的守望者角色。19世纪以来,大学的知识创新和转化功能得到强化,大大拉近了大学与社会的距离,知识时代的大学不仅不再游离于社会之外,而且在人们对知识的渴求中走入了社会发展的中心。正如美国教育家赫茨伯格所言:"大学是所有社会机构中最保守的机构之一;同时,又是人类有史以来最能促进社会变革的机构。"②知识时代的重要标志之一就是全球即时通信技术对知识流动、共享、协同方式的颠覆性改变,笔

---

① 把思想政治工作贯穿教育教学全过程 开创我国高等教育事业发展新局面[N].人民日报,2016-12-09(1).
② 周进.大学理念的知识审视与社会建构[M].北京:中国社会科学出版社,2017:55.

者在前文论述了大学作为知识共同体的形成过程,从曾经动辄耗时数月的车马邮递信件交流到现在几乎可以忽略时延的电子邮件(Email)、语音通话、视频会议,这种变化也彻底改变了人们的思维方式和社会经济秩序,新的知识不断被创造,旧的知识不断被淘汰,随着各个领域的知识"爆炸",知识的有效期似乎也变短了,作为这个社会知识中心的大学也不得不主动探索应对新时代知识洪流的新举措。知识时代不再像工业时代那样受制于能源、机器等有形资产,去地域化的特征变得鲜明,原来分隔经济、政治和文化的国境线变得模糊起来,知识的全球化趋势对大学而言既是机遇也是挑战,民族国家的主权利益和全球文化同质化的压力迫使大学尽快调整以适应新的时代。大学教育从精英化向大众化、普及化的转变,必然要求世界各地的大学积极寻求更广阔的资源以支持自身发展,民族国家不再是大学经费的唯一提供者,学生流动性的增加、课程和教育政策的国际化、国际研究合作的发展都是大学不得不面对的变化,也是大学在市场驱动的世界中生存发展必须抓住的契机。[①] 立足不断变化的社会、面对社会未来的变化,我们决不能将眼光限制在人才培养这一个维度来评价大学对社会的贡献,因为大学不是人才的加工厂或知识的生产线,而是一个以文明传承、智慧培育为基础的复杂机构,正如美国普林斯顿大学校长弗莱克斯纳曾撰文指出的那样:"大学不是风向标,不能什么流行就迎合什么。大学应不断满足社会的需求,而不是它的欲望。"[②]

当前,中国的改革开放步入深水区,经济已由高速增长阶段转向高质量发展阶段,中国大学的改革也从仿苏联、学欧美逐渐走上自主探索创新的道路。国家意志、政府资源在办学实践中的全面注入是中国大学的特色,也是过去几十年中国大学能够快速发展的重要推力,

---

[①] 德兰迪.知识社会中的大学[M].黄建如,译.北京:北京大学出版社,2019:164-165.

[②] 弗莱克斯纳.现代大学论——美英德大学研究[M].徐辉,陈晓菲,译.杭州:浙江教育出版社,2001:8.

但这种长期从属于政治、经济、社会发展需要的定位,也导致中国大学自主创新的活力不足、自主发展的动力不够。当前中国发展正处于重要的战略机遇期,国家、社会对大学的期望绝不仅仅是"适应依附",如何回应知识时代的需求,实现"引领未来",是中国大学在知识时代洪流中乘风破浪的新航向。如何积极融入"新时代"、迎接"新挑战"、实现"新发展",是中国特色社会主义大学无法回避的"新课题"。在"人类命运共同体"概念日益为人们普遍认同的大背景下,致力于探索中国大学"德育共同体"的构建,无疑是对中国特色社会主义大学德育工作的"新拓展":一方面,"德育共同体"的平等性、开放性、包容性,倡导的是多元主体的共同成长,有利于促进学生、老师,甚至是管理者、服务者的共同成长,从而推动大学共同体更好地应对时代变化与多元需求;另一方面,基于知识向度进行德育共同体的构建,有利于优化大学教育生态,弥合智育与德育间的缝隙,改变中国传统德育的单向化、同质化、空泛化倾向,既要避免以知识为中心的倾向,也要防止脱离个体成长规律的伪德育,真正培育出以多元主体成长为中心的良好德育生态,促进德育合力的凝聚和德育效果的内化。

第六章　构建耦合于知识的大学德育共同体

大学的自然属性是"知识共同体"。从古希腊的学园到欧洲古典大学，从古老的博洛尼亚大学到被誉为"现代大学之母"的柏林大学，纵观当今世界的知名学府，虽然"知识"的内涵与外延在不断变化，但"知识"始终是高等教育毋庸置疑的核心纽带，联结起整个共同体。正如克拉克所说："知识材料，尤其是高深的知识材料，处于任何高等教育系统的目的和实质的核心。"[①]

中国大学之所以被称为中国特色社会主义大学，关键在于它在成为"知识共同体"的同时也兼具着"德育共同体"的属性。中国大学的共同使命在于立德树人，"德"乃人之"魂"，"立德"是"树人"之基，德育与智育是大学人才培养的一体之两翼。"对当代中国而言，大学的属性具有鲜明的意识形态特点，以'立德树人'为根本任务，全员育人、协同育人，事实上构成并不断完善'德育共同体'。"[②]而这种以"共同的道德信仰和价值认同、共同的历史文化传统、明确的目标和指向"[③]为特征的大学"德育共同体"的构建完善，直接指向立德树人的实现。

近年来，中国大学在德育实践中显现出目标一致性、主体交互性、集体协同性三大特征，事实上已经初步形成"德育共同体"。[④] 与此同时，德育工作的使命要求与人才培养的内生需求之间仍存在缝隙，德

[①] 克拉克.高等教育系统——学术组织的跨国研究[M].王承绪，徐辉，殷企平，等译.杭州：杭州大学出版社，1994：12.

[②] 任少波，楼艳.论高校德育共同体的三重意蕴[J].高等教育研究，2018(8)：86-90.

[③] 吕成祯，任少波.德育共同体：内涵、特征与时代使命[J].国家教育行政学院学报，2018(4)：41-46.

[④] 任少波，楼艳.论高校德育共同体的三重意蕴[J].高等教育研究，2018(8)：86-90.

育与智育的关系仍未完全理顺。展望未来,将德育工作置于知识视野下进行审视,探寻"德育共同体"与知识这一大学核心要素的耦合演进,不仅可以为中国大学探索立德树人提供创新路径,也是中国特色社会主义大学得以回应时代需求、保持蓬勃发展态势的必然努力方向。

第一节 耦合基础:多元主体的知识结构

德育具有普遍性,但德育的主体是个体的人。笔者之所以将大学德育放在如此重要的地位进行探究,一方面是因为其所面向的主体正是引领国家、社会未来走向的重要有生力量,大学德育不仅要覆盖学生群体,还要面向教师群体,"师生共进""教学相长"在大学阶段的师生互动中体现得尤为集中;另一方面也是鉴于以大学为范畴对这一独特的高知或未来的高知群体实施德育时所具备的独特优势,相较于家庭、团体、社会、国家等同样对个体具有道德影响力的结构化组织,大学中围绕知识传授而形成的师资队伍、课程体系、育人范式等一系列组织机体和运行机制,确保了大学德育具有组织性、知识性、针对性、规范性等特征。相对于小学、中学等同样实施组织化德育工作的教育层次,大学由大量具备相对成熟道德判断力的高知个体构成,中国传统学校德育体系中占据主流的主客体单向传导模式在大学中更易于转化为主体间性互动模式,从而构建起多元主体平等联结、共同成长的"德育共同体"。

一、个体认知结构的可塑性是实施德育的客观基础

德育是有目的、有计划地在政治、思想与道德等方面对受教育者施加影响的活动,德育目标主要包括培养某种德性素养和造就某种社

会角色,本质上是促进个体完成道德上的社会化的过程。① 这种针对性教育活动必然指向"塑造",所谓"道德是否可教"问题的争论焦点,即个体道德是否可以通过外力进行塑造。

美国儿童发展心理学家科尔伯格对个体的道德发展问题进行了大量实证研究。他的研究结果证明,人是存在道德判断的,而"道德判断的存在表明道德发展具有一个基本的认知结构成分。尽管动机和情感被包含在道德发展之中,但是这些动机和情感的发展主要是以思维模式的改变为中介"②。可见,从个体来看,道德发展的外显形式是行为的变化,而引发行为改变的动机与情感则源自个体认知结构的改变,可见,这种个体认知层面的内部变化虽然隐晦而复杂,却并非无处着力。回归大学的知识属性,从微观层面来看,知识的创新与传授功能意味着作为共同体成员的"人"的知识结构的改变与被改变,而知识结构作为认知结构的基础,也应然地与其发生链式反应。人的知识结构的可塑性推导出认知结构的可塑性,而所谓道德塑造,首要也是关键的一点,即个体认知结构的塑造,"道德情境的'认知'界定直接决定着情境唤起的道德情感"③,而道德认知与道德情感的直接导向即为道德行为,这也正是为何我们要立足个体知识结构来实施德育。

二、多元主体知识结构的差异性是实施德育的现实条件

教育讲求因材施教,这一点毋庸置疑。现代大学与社会的关系日益密切,是一个相对开放的复杂系统,大学德育的面向对象既包括学生群体,也包括专业教师、学校管理者和维持学校运作的各类服务者,甚至还会涉及部分与大学德育实施密切相关的校外人员,如陪读的家

---

① 吕成祯,任少波.德育共同体:内涵、特征与时代使命[J].国家教育行政学院学报,2018(4):41-46.

② 科尔伯格.道德发展心理学——道德阶段的本质与确证[M].郭本禹,何谨,黄小丹,等译.上海:华东师范大学出版社,2004:66.

③ 科尔伯格.道德发展心理学——道德阶段的本质与确证[M].郭本禹,何谨,黄小丹,等译.上海:华东师范大学出版社,2004:69.

长、外聘的企业导师、社会实践的校外指导者、参与校园活动的校友等。如此多样化的主体必然有着多样化的个体特点和成长需求,即使以传统德育中最熟悉的学生群体为例,也具有很大的差异性。大学里的每一个专业都要有相应的培养方案,每一门课程都要有相应的教学大纲,针对不同层次、不同年级的学生必然会考虑知识点的分布、课程的接续性。然而,作为立德树人关键环节的德育,却似乎较少关注"材质"的差异性,即使有所考虑,也往往习惯于以年龄等表面特征简单划分,而事实上,与德育有效性关联度更大的因素是个体知识结构的差异度。

一方面,个体的知识结构会作用于性格结构。培根认为,读史使人明智,读诗使人灵秀,数学使人周密,科学使人深刻,伦理学使人庄重,逻辑修辞之学使人善辩;凡有所学,皆成性格。这一点,笔者作为一名一线德育工作者也深有体会,不同的专业自成其气质,比如面对人文学科的学生,在教育过程中"动之以情"往往比单纯的"晓之以理"效果更好;面对理工科学生,同样的教育方式则未必适用,无法实现逻辑自洽的一味煽情通常只会让学生感觉尴尬。如果说,在本科阶段,这种专业对人的塑造还只是初步显现,那到了博士阶段甚至成为某专业的教授、副教授,这种专业间的区分度会十分明显,甚至有很多时候德育工作的有效开展必须依托专业术语、专业情境、专业知识,或许这也是近年来中国力推"课程思政"的原因之一。计算机领域的研究中有一术语叫作自然语言识别,简单来说就是通过特定的处理方式让计算机能够"读懂"或"听懂"所谓的自然语言——人类的语言,其实,很多时候德育的有效开展也是仰赖针对个体差异进行有效的"处理",让个体得以快速"识别"。

另一方面,知识结构也会直接影响个体对外界作用力的吸收与反馈。正如我们不会用反腐案例来劝诫幼儿遵纪守法,也不会用"匹诺曹的鼻子"来教育大学生诚实守信,"全部生活,人类的全部观察,证明每个人都从他的经验与他的交际中吸取适合他自己的一切,展现他原有的观念与感情"①。如果用前文论述过的图式理论来进行说明,就更加一目了然。可以说,大学是由具有独立思考能力、完全民事行为能力的个体所组成的,而每一个个体都在之前的人生中逐渐通过同化、顺应的法则形成了自身所特有的图式,而且这种图式越是完整、成熟,越难以被继续同化、顺应,在一定程度上我们也可以把这种现象理解为边际效用的递减。在当今中国的教育体制下,能通过高考筛选进入大学就读的学生,即使是个别学校未成年的"少年班"成员,也都具有较高的知识水平和认知能力,至于大学中的专业教师或行政、后勤等专业服务者,自然都已经是相对成熟的个体了,这种个体图式上的差异性和成熟度无疑是远高于前置教育阶段的,这既是大学德育的现实基础,也是大学德育的客观难点。

大学"德育共同体"中的主体虽然普遍具有高知性的特点,但男生群体与女生群体、学生群体与教师群体、本科生群体与研究生群体、工科生群体与文科生群体、年轻教师群体与资深教师群体等群间知识结构的差异仍不可忽视,更遑论个体间细分差异之复杂了。所以,我们在具体实施德育之前,首先要立足多元主体知识结构的差异性,解析"材质"特征、选择适宜的教育内容和方式方法。智育要因材施教,德育亦如是。未来,随着中国大学优质教育资源的进一步充实和终身学习理念的进一步普及,对招生条件、学习年限、学位类型等方面的限制必将逐渐减少,整个大学体系将呈现出更加开放、更加灵活、更加多元的趋势,这也意味着大学德育将面对更加复杂化、差异化的个体,这也是这个更加开放的时代给大学德育的挑战。

---

① 赫尔巴特.普通教育学、教育学讲授纲要[M].李其龙,译.杭州:浙江教育出版社,2002:72.

第二节　耦合路径之一：场域耦合

知识共同体与德育共同体在中国大学这一场域中交错生长、枝蔓相连，中国大学兼具着这两个共同体的双重属性，探索立德树人实现路径，必然需要构建并提升德育与智育两种育人功能的有机耦合。耦合的概念源自物理学，反映了两个或多个系统之间或者组成系统的要素之间，通过相互作用、相互影响，彼此间产生相互促进或者制约的现象和规律。在此，笔者也将借用耦合这个物理学的概念，从场域耦合、能量耦合、系统耦合这三个不同维度来进行论述。

一、优化德育与智育的场域耦合

德育与智育无疑有着不可分割的关联性。从旨归上看二者统一于立德树人，从主体、客体、环体等构成要素来看具有高度的一致性，从作用路径来看都遵循教育的客观规律。本应是和谐共进的德育与智育，在现实世界却屡屡出现不和谐的杂音，出现令社会诟病的分离的现象。这种应然与实然间的矛盾应该如何理解并化解，或许场域理论提供了一种新的视角。

场域理论源于19世纪中叶的物理学概念。法国学者布迪厄将这一理论推广运用于人类学和社会学研究，指人的每一个行动均受行动所发生的场域影响，而场域既包含物理环境，也包括他人的行为以及与此相连的多种因素。布迪厄认为，从分析的角度来看，一个场域可以被定义为在各种位置之间存在客观关系的一个网络（network），或一个构型（configuration）。[①] 简单来说，用场域的概念进行思考就是

[①] 布迪厄,华康德.实践与反思:反思社会学导引[M].李猛,李康,译.北京:中央编译出版社,2004:155.

从关系的角度进行思考。

在教育学研究中,场域作为一种分析工具被运用于多种场景。"教育场域系指在教育者、受教育者及其他教育参与者相互之间所形成的一种以知识的生产、传承、传播和消费为依托,以人的发展、形成和提升为旨归的客观关系网络。"[①]在教育场域,德育和智育作为互相渗透、叠加、共振的两大关系网络,以知识传承、转化、传播和创新为共同场域,相互作用、交织发展。二者共融共生的动态和谐状态是我们所希望达成的场域耦合。其实,在现在的中国大学中,这样共融共生的场景已经越来越普遍地出现在课堂上、实验室里、课题小组中,但也不断地有反向的、消极的,甚至是恶劣的案例经由媒体报道被人们所知晓,想要培育出导向更加正向、积极的场域,就必须遵循场域运作的规则。

"每个场域都规定了各自特有的价值观,拥有各自特有的调控原则。这些原则界定了一个社会构建的空间。"[②]德育与智育在教育场域中既有联系又有区别,亦遵循着教育场域的价值观,而这种价值观的形塑则取决于场域理论中的一个重要概念——资本。布迪厄提出,资本分为经济的、文化的、社会的和符号的四种类型,其中前三类资本可以制度化并彼此互相转换。[③] 不同历史时期、不同社会文化背景的知识共同体中,不同资本间的"转换率"不同。例如,在儒家伦理占据主导的中国古代封建社会,以"三纲五常"为代表的德育资本直接维系着王朝统治和社会稳定,在资本转换中占据更高的场域位阶并因此掌握更大的知识权力。近代以来,科学技术在物质生产中的作用更加凸显,以高深知识为代表的智育资本日益成为时代宠儿,大学逐渐成为文化资本向经济资本和社会资本快速转换的"通行证"。为了占有更

---

① 刘生全.论教育场域[J].北京大学教育评论,2006(1):78-91.
② 布迪厄,华康德.实践与反思:反思社会学导引[M].李猛,李康,译.北京:中央编译出版社,2004:17.
③ 刘生全.论教育场域[J].北京大学教育评论,2006(1):78-91.

多的知识资本,掌握更大的文化权力,获取更高的资本转换率,曾经居于相对从属地位的智育开始主动与德育进行边界切割,在大学内部,甚至包括一些与大学有所联系的领域中,"价值中立""去行政化"的呼声不绝于耳。静止的和谐状态只存在于理想之中,事实上,德育资本和智育资本过去一直、现在依然、可预见的将来仍会处于动态竞争之中。这种对共同体场域资本的争夺源自资源的有限性,在很长一段时期内都会持续存在。因此,要实现二者的良性场域耦合,一是要直面问题,以更加历史的、动态的视角来考量德育和智育的关系,在整个教育场域甚至是元场域中达成共识;二是要聚焦主要矛盾,明确教育场域中的代表性资本究竟是什么,进而有针对性地优化相关知识资本向经济资本、社会资本转化的通道和路径,从而充分发挥资本转化率的调节作用。

二、从"思政课程"到"课程思政"的场域耦合探索

伴随着知识经济的高歌猛进,国家、社会对高知人才的迫切需求也激发了对高等教育的高度关注,而在这种持续增热的过程中,国家对"立德树人"的反复强调,不仅是明确中国特色社会主义教育的方向性,在一定程度上也是当前大学中德育和智育"两张皮"问题的显性化、激发态。要理顺德育与智育二者间的关系、实现双向互通,首先要找到一个突破口,一个具有代表性的可操作的场域——"课程思政"应势而生。

"课程思政"的理念发端自上海高校的思想政治教育综合改革实践。2014年,上海高校在教育部指导下率先在通识教育课程中开设"中国系列",由名家大师主讲国家建设发展成就,在通识课程教学中贯穿社会主义核心价值观。[1] 2016年11月,在华东政法大学举办了

---

[1] 伍醒,顾建民."课程思政"理念的历史逻辑、制度诉求与行动路向[J].大学教育科学,2019(3):54-60.

"从'思政课程'到'课程思政'——高校思想政治理论教育课程体系创新"学术研讨会,与会专家对"中国系列"课程创新理念进行总结研讨,提出了"课程思政"教学理念,强调全员、全课程育人。①"课程思政"教学理念与知识时代中国大学的德育发展需求高度吻合,在2016年12月召开的全国高校思想政治工作会议上,习近平总书记提出要发挥课堂教学主渠道作用,并特别强调除了思想政治理论课,其他"各门课都要守好一段渠、种好责任田,使各类课程与思想政治理论课同向同行,形成协同效应"②。数日后,《光明日报》刊文《从"思政课程"到"课程思政"——上海探索构建全员、全课程的大思政教育体系》,并在评论中写道,要"打破思政课教师'单兵作战'、大学思政课'孤岛化'窘境,让每门课程都育人、每位教师都承担育人责任"③。全国高校思想政治工作会议后,"课程思政"在全国高校陆续试点开展,作为其发源地的上海市更是加大推进力度,出台了《上海高校"课程思政"教育教学体系建设专项计划》,选取12所整体试点高校、12所重点培育高校、34所一般培育高校分层次推进。2017年12月,中共教育部党组发布《高校思想政治工作质量提升工程实施纲要》,提出要"大力推动以'课程思政'为目标的课堂教学改革,优化课程设置,修订专业教材,完善教学设计,加强教学管理,梳理各门专业课程所蕴含的思想政治教育元素和所承载的思想政治教育功能,融入课堂教学各环节,实现思想政治教育与知识体系教育的有机统一"④,这也是在教育部官方文件中第一次明确提出"课程思政"概念,"课程思政"建设开始在全国大学全面

---

① 文学禹,韩玉玲.新时代高校课程思政教学创新研究[M].长春:吉林大学出版社,2020:38.

② 把思想政治工作贯穿教育教学全过程 开创我国高等教育事业发展新局面[N].人民日报,2016-12-09(1).

③ 邓晖,颜维绮.从"思政课程"到"课程思政"——上海探索构建全员、全课程的大思政教育体系[N].光明日报,2016-12-12(8).

④ 中共教育部党组关于印发《高校思想政治工作质量提升工程实施纲要》的通知[EB/OL].(2017-12-05)[2024-01-24].http://www.moe.cn/srcsite/A12/s7060/201712/t20171206_320698.html.

第六章 构建耦合于知识的大学德育共同体

铺开。

"课程思政"的概念一经提出,迅速成为教育教学、思政研究领域的热词,相关教改实践的报道和学术研究论文频发,但截至目前,无论是理论层面还是实践层面,"课程思政"仍然处于初步探索阶段。"课程思政"不是将思政宣讲与教学过程的简单叠加,而是在尊重教学规律、专业规律、学习规律的基础上,将"德育"与"智育"贯通起来,为"立德树人"的"落地"找到一个具有普适性的载体,从而避免德育的空泛化,提升德育实效性。目前,专业课程与大学德育协同融合的大氛围已经形成,专业课程中的德育元素被越来越多地挖掘出来,专业教师的育人意识和能力也在逐渐提升。"课程思政"的实践从零散的、随意的、无意识的无序状态向体系化的、有章法的、有目标的有序状态演进,"课程思政"的推进从实质上强有力地支持了中国大学德育共同体的建设。

作为大学,教育的主体形式一定是"课程",这不仅是大学最重要的育人场域,也是大学最具有计划性、组织性、延续性的育人模式。课程的育人成效受方式方法、组织形式、技术手段等因素影响,但最核心的要素还是内容,如何构建起贯通课程与思政的内容体系,并以此为基础进一步将"德育"和"智育"协同起来,实现洪堡所说的"由科学而达至修养",一个最重要的必要条件就是具备驾驭"课程思政"能力和意识的教育者。"因为真理的范围远比科学的范围要广,所以科学家必须作为一个人,而不仅仅是作为一个专家,投身探索真理的事业。所以,大学里面对真理的追求需要那种整全的人(the whole man)的认真投入。"[1]

我们在探讨中国大学德育共同体的构建之时,不仅要了解本国的大学德育实践,还可以有所鉴别地学习借鉴其他大学的相关经验。德育是具有很强国别性的,虽然因为文化传统、政治制度等方面的差异,

---

[1] 雅斯贝尔斯.大学之理念[M].邱立波,译.上海:上海人民出版社,2007:22.

各国大学在德育目标、形式、内容等方面呈现出各自特点,但通过比较研究,还是能为中国大学构建基于知识的大学德育共同体征程提供有用的养分。以美国大学为例,第二次世界大战后,随着美国政治、经济的强势崛起,美国大学蓬勃发展起来,有人认为美国的大学不实施德育,理由是美国大学不设置统一的德育课程,各州、各校可以按照各自意愿确定教育目标,对学生采取开放多元的价值引导,这种观点其实是对德育本质的误判。所谓德育,既有显性的也有隐性的,既有笔者之前论述过的强调统一标准的中国传统德育模式,也有不设定统一内容而强调提升个体价值判断能力的美国模式。德育是带有鲜明国家特征的,美国大学多元化、开放化的德育特征和这个国家的殖民地历史、世界移民汇聚的现状是分不开的,美国大学所处的历史文化现实决定了其不可能在短期内解决这些他们一直争论不休的问题,正是立足这一现实,美国大学致力于"将培养和提升学生价值判断能力贯穿其实施全过程,着重帮助学生经由通识课程的学习掌握和养成理性的、稳定的价值认知和判断能力"[①],这种倾向在一定程度上也源自深刻影响着美国教育走向的实用主义理念。在实用主义者看来,道德标准是具有历史阶段性的,绝对的真理并不存在于现实之中,与其教授学生某种特定的道德标准,不如培养学生在实践中做出正确价值选择的能力。因此,美国大学通常将德育融入人文科学、社会科学、自然科学知识的课堂传授过程,将规范性的共同价值建立于结构化的知识体系之上,这是美国高校从自身特征出发所形成的历史经验,也是中国大学在探索"课程思政"建设道路上可以借鉴吸收的"他山之石"。

---

① 张宝予,杨晓慧.美国高校价值观教育路径研究——基于通识课程的视角[J].思想教育研究,2019(5):129-133.

第三节 耦合路径之二：能量耦合

在电子学中，能量耦合是指能量从一个电路部分传递到另一个电路部分的过程。而在教育领域，"育人能量"是指知识和品德规范传递创新的动能。这些动能在传导过程中会同时实现传出方和接收方的能量增长，比如人们常说的"教学相长"。我们在研究立德树人实效的时候，实际是要研究如何更好地实现育人能量的耦合增长。

一、畅通多元主体间的能量耦合

以中国大学为研究标的，德育共同体和知识共同体的构成主体具有高度重合性。大学共同体的主体涵盖个体和组织两个层面，个体层面一般包括学生、教师、管理者、服务者等，组织层面从宏观来看一般包括行政组织和党政组织两大类。伴随着现代大学的规模不断扩大、组织分工不断细化，中国大学中逐渐形成了一支专门化的德育队伍，这本来应是对德育工作的力量强化，却在一定程度上导致了与初衷并不相一致的倾向的出现：专业教师负责智育，思政教师负责德育，智育的事情归属教学组织管辖，德育的事情归属党政组织管辖。这种育人理念上的隐形鸿沟，实际上阻隔了育人能量在大学各主体间的有效传导。中国大学在制度中设置党团组织和专兼职思想政治教育工作者队伍，制度上的保障优势是显而易见的，但在一定程度上，队伍的专业化配备也客观上导致了职能的细化、窄化与分化，使德育和智育在实际操作层面逐渐演变为两支不同队伍的专属职能。以马克思主义人学理论为指导，德育和智育二者协调发展的最终指向是提升人的整体素养，推动人的自由而全面的发展。笔者之所以要在共同体视野下探讨德育问题，之所以要将德育共同体与知识共同体紧密联系起来，正是希望能将这两个共同体的育人能量共同导向立德树人的大方向，以知识探索为基,以德育引导为要,努力弥合本不该割裂的德育与智育,促进育人能量的有效传导和耦合增长。

二、从"业务指导"到"导学育人"的能量耦合探索

如果说课堂教学是本科生培养的主要方式,那研究生培养必然是和导师指导密不可分的。前文已经论述过,"育人能量"是指知识和品德规范传递创新的动能,这种动能传导所带来的影响在研究生与导师构成的导学团队中尤为明显。

1953年,原高等教育部发布了《高等学校培养研究生暂行办法(草案)》,确立了我国研究生的培养模式是导师制。根据该办法,导师只对研究生的业务学习负责。1987年,《中共国家教育委员会党组、中共中央宣传部关于加强研究生思想政治工作的几点意见》([87]教党字084号)指出,"研究生的导师不仅负责指导研究生的业务学习,也要关心研究生政治思想上的健康成长"。这是第一次将思想政治教育与业务学习相提并论,提出导师既是研究生的业务指导者,同时也是思想政治工作的参与者。2000年,《教育部关于加强和改进研究生德育工作的若干意见》(教社政〔2000〕3号)指出,"研究生导师对研究生为学、为人都产生着重要影响,是研究生德育工作的重要力量。研究生导师应在政治思想上、道德品质上、学识学风上,以身作则,率先垂范,为人师表",进一步突出了导师在德育工作中的重要地位,明确指出导师在研究生思想政治教育中应承担多方面的责任。从2006年开始,为进一步提高研究生培养质量,国家启动了研究生培养机制改革,在导师负责制的框架内,在赋予导师更多权利的同时,对其承担的育人责任提出更加明确的要求,特别是将思想政治教育责任纳入导师负责制的具体内容。《教育部办公厅关于进一步做好研究生培养机制改革试点工作的通知》(教研厅〔2009〕1号)指出:"要进一步强化和完善导师负责制。指导教师要对研究生培养全过程负有指导责任,并在研究生的思想教育、科学道德等方面负有引导、示范和监督责任。"2010年,《教

育部关于进一步加强和改进研究生思想政治教育的若干意见》(教思政〔2010〕11号)明确了"教书""育人"是导师的两大基本职责。① 《教育部、国家发展改革委、财政部关于深化研究生教育改革的意见》(教研〔2013〕1号)要求强化导师责任,指出"导师是研究生培养的第一责任人,负有对研究生进行学科前沿引导,科研方法指导和学术规范教导的责任",同时应发挥"对研究生思想品德、科学伦理的示范和教育作用"。

  研究生导师"教书"与"育人"是助力研究生成长成才的两翼,缺一不可。从专业教育到思想引领,从知识传授到人格培养,导师在促进和实现研究生全面发展的过程中发挥着不可替代的作用,研究生导师育人作用的充分发挥既是和谐师生关系形成的前提和基础,也是全面提升研究生培养质量的重要条件。② 鉴于部分导师参与研究生思想政治教育的积极性和主动性有待提升,中国大学普遍采用挖掘、选树和宣传研究生导师教书育人先进典型的方式以点带面,如清华大学、南开大学等持续开展"良师益友"评选活动,通过自由提名、投票选举等方式,评选学生心目中的好老师;复旦大学、天津大学、东南大学、北京理工大学等每年评选"研究生心目中的好导师";北京航空航天大学每年评选"教书育人优秀研究生导师";大连理工大学每年评选"我最尊敬的导师"。这些评选活动,一方面,通过选树和宣传研究生导师育人的先进典型,强化导师教书育人的荣誉感、使命感和责任感;另一方面,部分大学对获选的优秀导师在招生名额、履职考核、提职晋级等方面予以政策倾斜和奖励,进一步增强激励导向,营造研究生导师教书育人的良好氛围。③

  随着研究生教育规模的不断扩大,研究生教育已经成为中国大学

---

  ① 单珏慧,马君雅,杨倩,等.导师在研究生思想政治教育中"首要责任"的演进与实现[J].学位与研究生教育,2017(6):6-10.

  ② 徐国斌,马君雅,单珏慧."立德树人"视野下研究生导师育人作用发挥机制的探索——以浙江大学为例[J].学位与研究生教育,2014(9):12-15.

  ③ 单珏慧,马君雅,杨倩,等.导师在研究生思想政治教育中"首要责任"的演进与实现[J].学位与研究生教育,2017(6):6-10.

知识创新体系的重要主体，也暴露出一些与教育初衷相背离的问题。近年来，教育界逐渐意识到：若导师过于强调专业学习，忽视研究生的全面发展、持续发展，会造成研究生培养质量衡量标准过于片面的现象，从而带来一系列的问题。研究生教育领域时常提及的难点问题，如部分导学关系紧张、学生不能潜心于创新活动等，寻根究源，多多少少与导师的指导有所关联，与以下三个方面的不适应有所关联。

一是部分导师存在"重业务轻育人"意识，与研究生个人成长需求的全面性要求不适应。作为教育的最高层次，研究生教育不仅肩负着传播、转化和更新知识的使命，同时教育的本质属性规约它必须坚持以人为本，从根本上关注学生的全面发展、和谐发展和终身发展。部分导师认为"带研究生就是教他怎么查文献、做实验、写论文"，把注意力都集中在一点上，而忽视了学生个人成长需求的多面性，有的导师甚至逐渐成为学生口中的"老板""Boss"。

二是部分导师个人学术背景的专一性、单一性与研究生培养要求的综合性要求不适应。在知识快速更新的当今世界，在研究生教育日益与社会联系、与国际接轨、与时代同步的当今中国，研究生教育的价值取向正在从单一的专业化、学术化、精英化向更加关注和面向社会发展的"全面教育"转变①，研究生培养越来越注重综合性、应用性、国际化，这种转变无疑对导师提出了更高的要求，社会、学校乃至学生个体，也会对研究生导师寄予比以往更丰富的期待，培养目标的综合性要求研究生能从导师或导师组那里获得今后发展所需的综合养分。

三是"师傅带徒弟"传统模式局限性与研究生培养规模不断扩大的现实不适应。《中华人民共和国学位条例》实施已有 40 余年，导师制度几经革新，但仍有许多地方留有中国传统师徒式指导思维和模式的印记。师徒式指导模式在小规模研究生培养中是有效的，但是随着

---

① 徐国斌,马君雅,单珏慧."立德树人"视野下研究生导师育人作用发挥机制的探索——以浙江大学为例[J].学位与研究生教育,2014(9):12-15.

研究生规模的扩大,导师名下研究生众多,无论是客观上还是导师主观上,继续沿用师徒式指导,其效果必然要打折扣,需要更多关注大环境对研究生成长的影响。如何突破传统师徒指导模式的束缚,提升导师指导成效,解决传统指导模式已经不适应当今学术发展趋势的问题,亟待我们探索。

近年来,伴随研究生培养机制改革的不断推进和导师负责制的日益完善,研究生培养中如何更好地提升团队育人能力成为新的探索方向之一。2011年,浙江大学开始启动以研究生(群)及其导师(组)构成的导学团队为评选对象的评优选树活动,并以此为基础,构建了一条由点及面、由导师个体到导师群体、到院系合力、再到学校整体机制氛围层层递进全方位发挥导师育人作用的通道,这一实践经验在2018年国家级教学成果奖评选中荣获二等奖,对于构建具有中国特色的研究生教育的团队育人模式起到了积极的示范效应。这种以导师(组)和研究生(群)共同构建起来的导学团队,作为大学德育共同体与知识共同体的基础细胞单位,既是德育实施的重要载体,也是知识创新与传承的重要主体,兼具道德与知识双重属性,从传统师徒式的单向业务指导、单维度能量输送,到以全方位育人为导向的团队建设、耦合式能量加成,向构建基于知识的德育共同体迈出了重要一步。

学术研究是大学导学团队得以组建的核心任务,因此面向导学团队的德育必然有一项重要内容:学术伦理与规范教育,这不仅关乎学生终身,对老师发展也同样重要。在这一点上,我们不妨借鉴参考德国大学的经验。德国的大学教育有着扎实的基础,从洪堡建立柏林大学时起就处于世界领先的位置,第二次世界大战以来,德国对教育的重视更是上升到了国家层面,将教育和国家经济社会发展密切联系起来,对教育的投入不遗余力。战后至今,除个别州、个别时期,德国的公立学校基本上保持着从小学到大学都实行免费教育的政策,教育的发展也极大地促进了德国战后的经济复苏、科技创新和社会繁荣,正如艾哈德所总结的:"没有人比德国人更清楚教育对于一个国家强盛的重要性。"[①]因此德国的大学教育尤为注重对高素质科技人才的培养,大学德育也呈现出对伦理道德的强化,尤其是科技伦理。德国大学对教师学术伦理的要求是极高的,对学术失范行为零容忍,其面向学生的德育举措也与其对科技伦理、学术规范的重视密切关联。德国大学的科技伦理教育继承了民族传统文化中的伦理思想,倾向于伦理道德的自我修养,注重在课程和实践中进行潜移默化的培养,教师不仅以身示范,还会引导学生有意识地从历史、社会甚至是伦理学的角度去学习专业知识,如思考这个学科领域所涉及的社会和经济问题是什么、要面对哪些伦理和道德问题等。有学者归纳总结了德国大学在科技伦理教育上的经验:一是注重"问题式"教学,在教学过程中注重联系德国发展过程中的实际问题,让学生通过调查、分析、提出解决问题的方案,加深对所学知识的理解,激发学生的自主性和探究意识,培养学生的问题意识、科学态度、伦理责任;二是注重"渗透式"教学,增强教育过程的趣味性和持续性,激发学生关注和研究所学专业相关伦理问题的兴趣,比如在医学专业学习中,引入"基因剪辑""克隆人""艾滋歧视"等社会热点问题来渗透科技伦理教育;三是注重"社会大课堂式"教学,学校强调实践教育,组织学生开展丰富的校外社会服务活动,同时鼓励学生参加课外社团活动和社会服务,如针对生态危机、环境污染、核威胁等由现代科技进步引发的社会问题,德国大学经常组织学生开展科技伦理相关的沙龙、募捐、调研等活动,逐步深化个人对社会责任的认识。[②]

---

① 梁金霞,黄祖辉.道德教育全球视域[M].广州:华南理工大学出版社,2007:172.
② 王学川.德国科技道德教育特点及对中国工程师培养的启示[J].浙江科技学院学报,2010(5):428-432.

第四节 耦合路径之三：系统耦合

中国大学的现代化发展集中在改革开放后的40余年,在计划经济向市场经济快速转换的社会大背景下,中国大学走上了一条特色化的发展道路。不同于"许多西方一流大学所采取的经典模式(以学术自治、院校自治、通识教育为特征)",中国特色的社会主义大学制度"综合了学术权力与行政权力,结合了院校法人制与中央政府指导,融汇了通识教育与专业教育"。[①] 对大学管理者而言,这种自成一派的特色模式既缺乏现成的经验借鉴,要平衡好学术权力与行政权力之间的张力也是一大考验,而这种考验的集中体现之一,就是大学德育体系的顶层设计。

一、构建共同目标下的系统耦合

伴随着知识经济的快速发展,国家、社会对高知人才的迫切需求也激发了对大学的高度关注。培养什么样的人、如何培养人以及为谁培养人的问题成为焦点,立德树人根本任务如何在育人实践中得以贯彻成为大学必须直面的关键性问题。但事实上,全员、全过程、全方位育人的理念在当前中国大学中还未完全树立起来,"在教育理念上,不能正确认识知识传授与价值引领之间的关系;在队伍建设上,教师育德能力和育德意识有待提升;在人才培养上,各门学科思想政治教育资源没有得到充分挖掘;在管理机制上,多部门合力推进思想政治教育的机制体制有待进一步完善"[②]。简言之,作为中国大学双重属性的德育共同体和知识共同体存在分离和矛盾。弥合这种割裂状态、实现

---

① 杨卫.研究生教育动力学[M].北京:科学出版社,2021:27-28.
② 高德毅,宗爱东.从思政课程到课程思政:从战略高度构建高校思想政治教育课程体系[J].中国高等教育,2017(1):43-46.

两个共同体的同生共荣是一项系统工程。如果将育人比为搭建高楼，那德育和智育则是不可分割的钢筋与混凝土，高楼得以屹立，除了要有保质保量的钢筋混凝土，还要有深厚扎实的地基。无论是哪一种共同体，得以存在的核心都是共同体内部生命主体的价值共识，即"共同善"。可见，要实现德育共同体和知识共同体的"地基融合"，必然要构建起二者结合的基础，即一致的"共同善"。

有人认为，德育共同体的终极目标指向"善"，知识共同体的价值导向为"真"，这二者存在导向上的差异性，因此知识共同体并不具有价值属性，从而引申出大学"价值中立"的命题，这无疑是一种误解。"知识和价值终究是不可分的；知识和行动也是不可分的"[①]，脱离"善"的"真"是形而上的，片面追求这样的"真"，其本质是与高等教育育人实践相背离的。大学是探索高深知识、培养高知人才的专门机构，"高深学问具有真理性，它是人们对自然规律和社会规律的正确认识，是对事物的本质和意义的正确揭示，能够将人类从无知提升到已知，从知之较少提升到知之较多，从自然王国提升到自由王国，它的本质功能体现着善"[②]。这里所说的"善"，不是一般意义上的"个体善"，也不是作为道德底线的"基本善"，而是一种可以实现两个共同体"地基融合"的"共同善"。

中国大学具有鲜明的中国特色社会主义大学特性，其知识保存、传承、创新与转化，必然服务于国家社会发展，遵循以社会主义核心价值观为内核的"共同善"。

二、从"教学计划"到"培养方案"的系统耦合探索

大学教育的基础要素是知识，但大学教育的目标绝不会止步于知识，我们要构建基于知识向度的大学德育共同体，也要旗帜鲜明地反

---

① 赵汀阳.知识,命运和幸福[J].哲学研究,2001(8):36-41.
② 周川.大学的德行:传统与现实[J].教育研究,2019(1):86-93.

对德育的知识化、知识的道德化,我们所倡导的是德育与智育在育人全过程的有机耦合而非生硬的"1+1"粘贴。以任何大学教育者都不陌生的教学计划为例,在当代中国正面临着全方位的转型——从"教学计划"到"培养方案"的转变,不仅是内容的扩增,更是理念的迭代——从以"知识为中心"到"以学生为中心"的全员、全过程、全方位育人理念的转变。

教学计划是教学实施方根据教学目标、教学对象、教学要求等制定的教学规划和实施安排,一般应包括制定、执行、评价、改进这四个循环递进的串联环节。在中国大学,传统的教学计划既可以指代某门特定课程的教学规划,也可以是某个特定专业的课程体系架构,其重心在于"教",即按照知识传授的要求和内容来进行提前设计。20世纪90年代,伴随着改革开放的不断深化,高等教育理念也在不断更新,以人为本、个性化培养逐渐为教育界所广泛认同。在"高等教育面向21世纪教学内容和课程体系改革计划"和"新世纪高等教育教学改革工程"的指导下,各个大学纷纷进行教育教学改革,指代某专业课程体系架构的"教学计划"逐渐被"培养方案""培养计划"等更加体现人才培养综合性要求的名称所取代。当我们深入比对二者的实质性差异时,或多或少会感到失望,因为当前各个大学的培养方案,其主体实质上仍然是传统的教学计划,即课程设置、知识点衔接、学时安排、学分配置、毕业要求等,虽然罗列的专业培养目标通常体现了德与智的协同发展,但在实际规划过程中往往只有知识传授方式、知识掌握情况被量化、被评价、被标准化。

随着知识时代在人才竞争上的日趋白热化,中国大学前所未有地被寄予厚望,立德树人的根本任务要求当代中国大学不仅要在人才培养目标上体现道德与知识的耦合,更要在具体培养的全过程严格对标培养目标,在培养成果评估上体现道德与知识耦合共进的实际成效。从"教学计划"到"培养方案"的名称转换,已经在一定程度上体现了中国高等教育人才培养理念的转变,但这还不足够。近年来,在国家指导性政策的不断推动下,大学培养方案的体系在不断完善、内容在不断扩增,如2015年国务院办公厅发布《关于深化高等学校创新创业教育改革的实施意见》后,各地大学纷纷在培养方案中增设了创新创业类课程体系,2020年中共中央、国务院印发了《关于全面加强新时代大中小学劳动教育的意见》后,劳动教育相关内容被普遍纳入大学各专业人才培养方案,但这种被动式的"补丁"很难真正融入人才培养的全过程,更难以真正推动"以学生成长为中心"的育人目标的实现。如何将学术权力与知识权力汇合到立德树人的共同目标上来,尚待国家、社会,特别是各所大学继续探索实践,着力从两个共同体系统耦合的顶层设计上下功夫。2021年9月,浙江大学选取八个学院进行试点,尝试构建"思政培养方案",打破了当前大学主流培养方案的单维度知识导向,虽然距离笔者所期待的道德—知识耦合共进仍有距离,但至少已经开始逐渐从单纯的知识导向,向"人"的导向倾斜,从以知识为目标的单一维度,逐渐转向以学生成长为目标的复合维度。

要让"培养方案"真正成为立德树人的"纲领",一定要从顶层设计上进行通盘谋划,实现系统性的提升与优化。以劳动教育为例,我们不妨学习借鉴一下邻国日本的做法:劳动教育在日本的学校教育中一直占据着一定比重,尤其是在中小学阶段。"特别活动"是日本学校德育中最具特色的部分,类似于我们所熟知的课外活动,有规划、分阶段地促进学生集体意识、社会意识的形成和发展,培养学生在团队中的自我教育能力和自我管理能力,各校在策划"特别活动"时也会根据自身特点有意识地培养学生的劳动意识和劳作技能。日本的中小学不仅会组织学生饲养小动物、种植果蔬、承担学校运维劳作,还专门开设家政课,劳动教育的内容从日常生活自理能力的提升到社区周边职业体验,实践性极强,而且会特意加大磨炼程度,如让学生参加农耕等传统体力劳动、野外生存等艰苦环境锻炼,既磨炼学生的意志、培养其生存能力和吃苦耐劳品格,也通过这些活动让学生自发体会知识的重要性,从而激发学习兴趣和动力,培养自律勤奋的品格。近年来,中国教育界也开始注重在学校教育中开展劳动教育,中小学甚至是大学纷纷加大劳动教育比重,但相较于日本多年来形成的良好传统和完备体系,仍有很多值得完善之处,尤其是在劳动教育与大学"课程思政"的协同联结、相辅相成方面,尚待推进。

第五节 耦合展望:契合知识演进的时代脉络

知识与道德千丝万缕的联系可以追溯到人类的起源,其关系问题伴随着人类社会的发展而更加密切。在农业经济时代,由于生产力水平低下,人类主要是从自然界中直接获取物质生活资料。与原生态的物质世界相匹配的知识也是相对原生态的,主要以经验的形式存在。这一时期的道德在群居生活中发挥着统领与规范的作用,往往与生活实践密切联系。在工业经济时代,整个社会分工不断细化,资本成为第一位的生产要素,知识的工具价值被不断强化,知识的整体性被割裂开来,"知识整体性的坍塌"[①]导致了"人"的发展走向片面,道德在社会生活中的地位逐渐边缘化。当前,人类已经迈入知识时代,知识的进一步发展将实现主导性生产资料由物到人的决定性转变,知识与道德、素能与人格和谐发展的人成为生产实践的主导要素。

中西方的古代思想家曾不约而同地注意到了知识与道德的关联性。古希腊的苏格拉底首先提出了"美德即知识"的哲学命题。中国传统儒学则提倡仁智统一,强调德性修养与学习知识相统一。在知识与德性的关系上,孔子把德性放在第一位,认为知是从属于仁的,正所谓"仁者安仁,知者利仁"。可见,孔子的"知"主要是指认识人们之间的伦理关系,有了这种认识,就有利于实行"仁"。尽管苏格拉底与孔子对知识与道德相互关系的理解不尽相同,苏格拉底将德性归属于知

---

① 雅斯贝尔斯.大学之理念[M].邱立波,译.上海:上海人民出版社,2007:22.

识,而孔子则认为"知"构成了德性的内容,但二者均肯定了知识与道德的关联性,他们的思想余温绵延数千年。

长期以来,无论是西方还是中国,德育的主要形式是知识传授,而传授的主要内容则是知识产物。"道德只有建立在科学知识的基础之上,才能提高道德行为主体的自觉性,减少盲目性;才能使道德行为主体对善进行有效的确认和选择,做出合理的价值评判和行为选择。"[①]正是人们对客观的道德关系予以主观性的精神把握而形成了对道德的认识并由此产生了道德知识。与此同时,"知识演化到成熟阶段后,我们将看到,即使是知识也不能使我们安全。真正的安全依靠我们的辨别力和我们所遵照的那些维持、滋润我们生命、健康、幸福的永恒的原则"[②]。在知识体系逐渐走向完善的当今中国,德育要与之形成有效互动,甚至要在一定程度上前瞻性地发挥能动作用,必然要对知识的发展趋势有所预判。以下仅撷取知识演化进程中与德育有较强关联度的部分特征予以论述。

一、以知识的前沿性驱动德育创新

求真是人类的天性使然,对未知的好奇是推动知识不断迭代的原生动力。笔者所谓的"前沿性"不是仅仅指代高、精、尖的科技知识,也不是一个单纯的时间概念,今日之"新",于明日而言可能已经陈腐,而古人的智慧亦有不少在今时今日仍熠熠生辉。"知识是不可能离开经验和现实凭空创造的,更不可能与以往的所谓'旧'知识进行决裂,因此,这里所概括的'前沿性',是一个相对的概念,指比已有知识更具有前瞻性的、更接近真理的特征。"[③]

大学德育共同体中最鲜活的主体就是一年年不断成长的学生,而这个群体最鲜明的特点之一就是超强的学习能力和对新知识、新事物

---

① 付洪.走出半人时代——对知识与道德的思考[J].道德与文明,2004(4):59-62.
② 艾利.知识的进化[M].刘民慧,等译.珠海:珠海出版社,1998:35.
③ 颜鹏,单珏慧.知识演进视野下创新型人才培养[N].光明日报,2009-02-18(11).

的快速接受能力。正是因为这个群体的知识结构每一天都在发生变化,每一天都在被前沿性的知识重新塑造,我们的德育也必须随之革新,与之适应。举一个最简单的例子,爱国主义。在改革开放已满40年、互联网高度覆盖、自媒体遍地开花的当代中国,经济、政治、文化层面的全球化进程日益深化,作为很容易接触到西方思想和知识体系,在思想上较为开放,世界观、人生观、价值观又正处于定型关键期的大学生群体,最易受到"全球主义""超民族主义""趋同论""全盘西化"等不良社会思潮的影响,这无疑也是改革开放以来一直横亘在大学德育工作者面前的时代课题。虽然这个课题过去、现在、未来必将长期存在,但近年来,随着中国国家综合实力的提升、科技水平的进步,我们也明显感受到了当代大学生群体的爱国热情和民族自信总体呈现上扬趋势,这一点从各个大学不断增加的汉服爱好者、传统文化社团中可见一斑,从大学生志愿入党比例的提升和大学生参军入伍数量的持续走高中也可以窥见。

"过去教育的弊端不能完全归于对掌握知识的强调,今天的教育改革也不应是弱化知识与教育的关系,而是应重新思考知识与教育的关系,重新思考什么知识最有教育价值,如何教授和学习知识才有价值。"[1]这种对知识与教育的反思,也同样适用于知识与德育的范畴。

二、以知识的整合性促进德育协同

中国大学的知识教育体系是以学科为基本组织单位进行的,这种将整体知识进行人为切分的方式在一定程度上便于快速深化、统一管理和标准化运行。"人类社会早就发现分工是必要的,这样每个人都可以把他所做的事做好。但是,要做的事越局限,分得越细,那么每个人从其他方面要接受的东西也就越多。因为智慧的可接受性基于各心智间接近的可能性,而后者又基于相似的心智活动,所以不言而喻,

---

[1] 石中英.知识转型与教育改革[M].北京:北京教育科学出版社,2001:9-10.

在人类真正的较高级活动领域,分工不应该分到使每个人互相都不了解的程度。"[1]传统学科模式下的大学教育事实上已经遇到了现实瓶颈,"在迈向知识经济的进程中,科学的发展日益呈现出交叉化、综合化、整体化的趋势,人们所要面对的技术问题、经济问题、社会问题、环境问题等也都是难以依靠单独一个门类知识就予以解决的"[2]。社会对大学的需求很多时候是指向"问题"的,这类需求催生了日益茁壮的"交叉学科",而当传统学科体系无法承载过于繁复的交叉"补丁"时,相信会有一种更具有整合性的知识体系脱胎而出。

大学的德育体系自然也是要与知识体系同频调整的,"德育问题是不能同整个教育分离开来的,而是同其他教育问题必然地、广泛深远地联系在一起的"[3],旨在解决人类社会现实问题的整合性的知识图谱,其本身就是自带价值取向的。我们在德育共同体中要特别培育的,是设计层的德育协同与系统性的德育协作。无论是《中共中央、国务院关于加强和改进新形势下高校思想政治工作的意见》所提出的"坚持全员全过程全方位育人。把思想价值引领贯穿教育教学全过程和各环节,形成教书育人、科研育人、实践育人、管理育人、服务育人、文化育人、组织育人长效机制"[4],还是各个大学对"课程思政"建设、导师育人作用发挥的探索,都意味着大学德育工作力量的整合与全面强化。

三、以知识的实践性激发德育转化

"人的思维是否具有客观的真理性,这不是一个理论的问题,而是

---

[1] 赫尔巴特.普通教育学、教育学讲授纲要[M].李其龙,译.杭州:浙江教育出版社,2002:41.

[2] 颜鹂,单珏慧.知识演进视野下创新型人才培养[N].光明日报,2009-02-18(11).

[3] 赫尔巴特.普通教育学、教育学讲授纲要[M].李其龙,译.杭州:浙江教育出版社,2002:39.

[4] 中共中央党史和文献研究院.十八大以来重要文献选编(下)[M].北京:中央文献出版社,2018:481.

一个实践的问题。人应该在实践中证明自己思维的真理性,即自己思维的现实性和力量,自己思维的此岸性。"①知识源于人类认识世界、改造世界的实践活动,具有实践性,而且知识的这一属性还将随着人类对世界改造的不断深化而持续加强。知识实践性是教育实践性的基础,人们所批判的唯知识、唯理性的片面德育正是因为缺乏与实践的有机融合。我们在立德树人语境中所说的实践育人,是在共同体视野下多元主体实现交互实践的德育。

"教与学在实践育人中有着双向交互性,彼此渗透、相互影响,生成新经验、新知识。这种双向交互性体现在实践活动的耦合关系中,教育者与受教育者所要创造的是一个现实的、关乎人的生活世界,形成个体价值与社会意义的合力。"②正是在实践的过程中,德育与智育得以和谐交融。在此,我们所说的实践绝不是无计划、散养式地放任学生游离在教与学之外。无论什么时候,课程都是大学最基本的教育形式,这是由其"知识共同体"属性决定的,即使是以实践而非课堂的形式出现,其教与学的本质也不能偏移。事实上,能够在传授知识和发展智能的过程中融入价值观的培养,也正是大学德育的最大优势。如何扬长避短,将实践育人的作用发挥好,切实促进知行共进,有效实现"知、情、信、意"向"行"的转化,是需要我们不断探索的方向。

大学是一个复杂的巨系统,中国大学的自主探索创新无疑应是全方位、立体化的,但无论是制度架构还是治理策略,无论是教学科研还是社会服务,都离不开对大学立德树人根本使命的坚守。身处知识时代发端的中国大学既要面向时代需求、锚定大学的知识属性,也要将立德树人的主线贯穿知识功能的发挥全过程,从而探索开辟出一条具有中国特色的大学发展之路。近年来,部分中国大学已经开始在部分

---

① 马克思恩格斯选集(第一卷)[M].中共中央马克思恩格斯列宁斯大林著作编译局,译.北京:人民出版社,2012:134.
② 周洪宇,胡佳新.知识视域下的实践育人及其意义向度[J].教育研究.2018(8):19-27.

领域探索德育过程与知识教育过程的有机耦合并取得了阶段性成果，衷心期待能有更多契合多元主体特性、遵循共同体耦合路径、契合知识演进趋势的创新实践能在不久的将来生发出来并为更多的大学所认同。

参考文献

阿罗诺维兹.知识工厂:废除企业型大学并创建真正的高等教育[M].周敬敬,郑跃平,译.北京:高等教育出版社,2012.

阿什比.科技发达时代的大学教育[M].滕大春,滕大生,译.北京:人民教育出版社,1983.

艾莉.知识的进化[M].刘民慧,等译.珠海:珠海出版社,1998.

把思想政治工作贯穿教育教学全过程　开创我国高等教育事业发展新局面[N].人民日报,2016-12-09(1).

班华.近十年来德育思想现代化的进展[J].教育研究,1999(2):18-22.

鲍曼.个体化社会[M].范祥涛,译.上海:上海三联书店,2002.

鲍曼.流动的现代性[M].欧阳景根,译.上海:上海三联书店,2002.

鲍宗豪.知识与权利[M].上海:上海人民出版社,1996.

别敦荣,王严淞.普及化高等教育理念及其实践要求[J].中国高教研究,2016(4):1-8.

别敦荣,易梦春.高等教育普及化发展标准、进程预测与路径选择[J].教育研究,2021(2):63-79.

别敦荣.现代大学制度的演变与特征[J].江苏高教,2017(5):1-8,14.

波特.新编剑桥世界近代史(第1卷)[M].中国社会科学院世界历史研究所组,译.北京:中国社会科学出版社,2018.

布迪厄,华康德.实践与反思:反思社会学导引[M].李猛,李康,译.北京:中央编译出版社,2004.

布鲁贝克.高等教育哲学[M].王承绪,郑继伟,张维平,等译.杭州:浙江教育出版社,1998.

曹政,任少波.论德育共同体的内生性、协同性与生态性[J].浙江社会科学,2020(12):112-116,160.

昌家立.试论知识的本质[J].青海社会科学,1995(4):50-55.

陈嘉明.德性知识论[J].东南学术,2003(1):116-123.

陈开林.共同性的反思与超越:基于对德育共同体的承认研究[J].南京政治学院学报,2017(6):125-128.

陈平.美国道德教育发展研究[M].南京:南京大学出版社,2011.

崔治忠.金岳霖的知识概念及相关比较[J].吉首大学学报(社会科学版),2015(4):20-30.

德兰迪.知识社会中的大学[M].黄建如,译.北京:北京大学出版社,2019.

邓晖,颜维绮.从"思政课程"到"课程思政"——上海探索构建全员、全课程的大思政教育体系[N].光明日报,2016-12-12(8).

邓小平文选(第二卷)[M].北京:人民出版社,1994.

董宝良.中国近现代高等教育史[M].武汉:华中科技大学出版社,2007.

杜德斯达.21世纪的大学[M].刘彤,屈书杰,刘向荣,译.北京:北京大学出版社,2020.

杜时忠,孙银光,程红艳.德育研究70年:回顾与前瞻[J].教育研究,2019(10):17-26.

杜时忠.德育研究[M].福州:福建教育出版社,2019.

杜威.杜威教育论著选[M].赵祥麟,王承旭,编译.上海:华东师范大学出版社,1981.

冯典.大学模式变迁研究:知识生产的视角[D].厦门:厦门大学,2009.

冯建军,等.学校德育[M].北京:科学出版社,2018.

冯建军.回归本真:"教育与人"的哲学探索[M].北京:中国人民大学出版社,2019.

冯建军.教育的人学视野[M].合肥:安徽教育出版社,2008.

冯彦明.中西方商品经济发展路径的比较及选择——兼论中西方经济学之区别及其根源[J].区域经济评论,2020(1):55-62.

冯友兰.中国哲学简史[M].涂又光,译.北京:北京大学出版社,1985.

冯增俊.现代研究生教育研究[M].广州:广东高等教育出版社,1993.

冯之浚.知识经济与中国发展[M].北京:中共中央党校出版社,1998.

弗莱克斯纳.现代大学论——美英德大学研究[M].徐辉,陈晓菲,译.杭州:浙江教育出版社,2001.

福柯.福柯集[M].杜小真,译.上海:上海远东出版社,2004.

福柯.规训与惩罚:监狱的诞生[M].刘北成,杨远婴,译.北京:生活·读书·新知三联书店,1999.

付洪.走出半人时代——对知识与道德的思考[J].道德与文明,2004(4):59-62.

高德胜.知性德育及其超越:现代德育困境研究[M].北京:教育科学出版社,2003.

高德毅,宗爱东.从思政课程到课程思政:从战略高度构建高校思想政治教育课程体系[J].中国高等教育,2017(1):43-46.

何琳.略谈知识共同体[J].哲学研究,1992(7):37-39.

赫尔巴特.普通教育学、教育学讲授纲要[M].李其龙,译.杭州:浙江教育出版社,2002.

洪汉鼎,陈治国.知识论读本[M].北京:中国人民大学出版社,2010.

洪晓楠,于成学.论西方哲学对知识本质的探索[J].大连理工大学学报(社会科学版),2004(3):69-73.

胡锦涛.在庆祝清华大学建校100周年大会上的讲话[M].北京:人民出版社,2011.

胡军.知识论[M].北京:北京大学出版社,2006.

黄达人.大学的观念与实践[M].北京:商务印书馆,2011.

黄达人.大学的声音[M].北京:商务印书馆,2012.

黄达人.大学的转型[M].北京:商务印书馆,2015.

黄炬,刘同舫.马克思共同体思想的现实超越性[J].河海大学学报(哲学社会科学版),2017(5):27-31,90.

黄书光.论马相伯在中国近现代高等教育史上的地位[J].高等教育研究,2003(6):82-87.

黄向阳.德育原理[M].上海:华东师范大学出版社,2000.

黄宇红.知识演化进程中的美国大学[M].北京:北京师范大学出版社,2008.

姜浩.智慧德育论[M].北京:中国社会科学出版社,2021.

教育部.2022年全国教育事业发展统计公报[EB/OL].(2023-07-05)[2024-01-24]. http://www.moe.gov.cn/jyb_sjzl/sjzl_fztjgb/202307/t20230705_1067278.html.

教育部.新时代高等学校思想政治理论课教师队伍建设规定[EB/OL].(2020-01-16)[2024-01-24]. http://www.moe.gov.cn/srcsite/A02/s5911/moe_621/202002/t20200207_418877.html.

卡扎米亚斯,马西亚拉斯.教育的传统与变革[M].福建师范大学教育系,等译.北京:文化教育出版社,1981.

康德.历史理性批判文集[M].何兆武,译.北京:商务印书馆,1990.

康德.论教育学[M].赵鹏,何兆武,译.上海:上海人民出版社,2005.

科尔伯格.道德发展心理学——道德阶段的本质与确证[M].郭本禹,何谨,黄小丹,等译.上海:华东师范大学出版社,2004.

克尔.大学之用(第五版)[M].高铦,高戈,汐汐,译.北京:北京大学出版社,2019.

克拉克.高等教育系统——学术组织的跨国研究[M].王承绪,徐辉,殷企平,等译.杭州:杭州大学出版社,1994.

克拉克.高等教育新论:多学科的研究[M].王承旭,徐辉,郑继伟,等译.杭州:浙江教育出版社,2001.

克拉克.建立创业型大学:组织上转型的途径[M].王承绪,译.北京:人民教育出版社,2003.

克莱因.柏拉图《美诺》疏证[M].郭振华,译.北京:华夏出版社,2011.

勒戈夫.中世纪的知识分子[M].张弘,译.北京:商务印书馆,1996.

雷通群.西洋教育通史[M].北京:东方出版社,2007.

李工真.德意志大学与德意志现代化[M]//杨叔子.中国大学人文启示录(第1卷).武汉:华中理工大学出版社,1996.

李丽娜.从历史到未来:孔子德育思想理论研究[M].北京:中央编译出版社,2021.

李明忠.高深知识与大学治理[M].保定:河北大学出版社,2011.

李沐紫,杨倩,刘兆祥.大学史记:近代中国的那些大学[M].济南:济南出版社,2010.

李萍,林滨.比较德育[M].北京:中国人民大学出版社,2009.

李秋零.康德著作全集(第3卷)[M].北京:中国人民大学出版社,2004.

李荣华,田友谊.大数据时代大学教师知识权威的式微与重建[J].高教探索,2018(4):104-110.

李霞.新中国60年学校德育课程的回顾与前瞻[J].江汉大学学

报(社会科学版),2010(4):90-95.

李卓宝,吴丹,许甜,等.蒋南翔高等教育思想与实践研究[M].北京:清华大学出版社,2011.

里德-西蒙斯.欧洲大学史(第2卷)[M].贺国庆,王保星,屈书杰,等译.保定:河北大学出版社,2008.

梁金霞,黄祖辉.道德教育全球视域[M].广州:华南理工大学出版社,2007.

列宁全集(第一卷)[M].中共中央马克思恩格斯列宁斯大林著作编译局,译.北京:人民出版社,2013.

林德宏.原始自然知识的发生[J].科学技术与辩证法,2003(3):20-22.

刘宝存.洪堡大学理念述评[J].清华大学教育研究,2002(1):63-69.

刘睿.批判与建构:马克思共同体思想研究[M].北京:中国社会科学出版社,2020.

刘生全.论教育场域[J].北京大学教育评论,2006(1):78-91.

刘小枫,陈少明.美德可教吗[M].北京:华夏出版社,2005.

楼艳.德育共同体视角下高校思想政治教育协同育人机制探究[J].学校党建与思想教育,2020(11):37-40.

鲁洁,王逢贤.德育新论[M].南京:江苏教育出版社,1994.

鲁洁.当代德育基本理论探讨[M].南京:江苏教育出版社,2010.

罗素.人类的知识:其范围与限度[M].张金言,译.北京:商务印书馆,1983.

吕埃格.欧洲大学史(第3卷)[M].张斌贤,杨克瑞,林薇,等译.保定:河北大学出版社,2014.

吕成祯,任少波.德育共同体:内涵、特征与时代使命[J].国家教育行政学院学报,2018(4):41-46.

马俊峰.马克思社会共同体理论研究[M].北京:中国社会科学出

版社,2011.

马克思恩格斯全集(第二十一卷)[M].中共中央马克思恩格斯列宁斯大林著作编译局,译.北京:人民出版社,2003.

马克思恩格斯全集(第三十卷)[M].中共中央马克思恩格斯列宁斯大林著作编译局,译.北京:人民出版社,1995.

马克思恩格斯全集(第三十一卷)[M].中共中央马克思恩格斯列宁斯大林著作编译局,译.北京:人民出版社,1998.

马克思恩格斯全集(第四十二卷)[M].中共中央马克思恩格斯列宁斯大林著作编译局,译.北京:人民出版社,2016.

马克思恩格斯文集(第一卷)[M].中共中央马克思恩格斯列宁斯大林著作编译局,译.北京:人民出版社,2009.

马克思恩格斯文集(第九卷)[M].中共中央马克思恩格斯列宁斯大林著作编译局,译.北京:人民出版社,2009.

马克思恩格斯选集(第一卷)[M].中共中央马克思恩格斯列宁斯大林著作编译局,译.北京:人民出版社,2012.

马克思恩格斯选集(第三卷)[M].中共中央马克思恩格斯列宁斯大林著作编译局,译.北京:人民出版社,2012.

马克思恩格斯选集(第四卷)[M].中共中央马克思恩格斯列宁斯大林著作编译局,译.北京:人民出版社,2012.

毛泽东文集(第七卷)[M].北京:人民出版社,1999.

毛泽东选集(第二卷)[M].北京:人民出版社,1991.

纽曼.大学的理念[M].高师宁,何克勇,何可人,等译.北京:北京大学出版社,2016.

潘懋元.对高等教育若干问题的思考——潘懋元先生访谈[J].西北工业大学学报(社会科学版),2018(2):26-30.

庞中英."学术界"与"epistemic community"——给《学术界》杂志的几句学术闲话[J].学术界,2003(3):135-136.

朴雪涛.中国特色现代大学制度研究[M].北京:人民出版

社,2020.

戚万学,唐爱民,韩笑.改革开放40年德育理论研究的主题及进展[J].教育研究,2018(10):20-31.

戚万学,唐汉卫.现代道德教育专题研究[M].北京:教育科学出版社,2005.

戚万学.高等教育学[M].济南:山东人民出版社,2004.

秦龙,赵永帅.从马克思共同体到人类命运共同体:理论逻辑与实践图景[M].沈阳:辽宁人民出版社,2019.

邱宁.高校德育60年回顾与简评[J].江苏社会科学,2009(S1):36-40.

任少波,单珏慧.构建基于"知识共同体"的"德育共同体"——高等学校立德树人的二维耦合[J].教育研究,2019(7):44-50.

任少波,范宁宇.道德教育共同体:学校道德教育的公共性建构[J].教育研究,2021(5):66-76.

任少波,楼艳.论高校德育共同体的三重意蕴[J].高等教育研究,2018(8):86-90.

任少波,吕成祯.德育共同体:中国特色社会主义大学的新认知[J].浙江大学学报(人文社会科学版),2019(5):5-12.

单珏慧,马君雅,杨倩,等.导师在研究生思想政治教育中"首要责任"的演进与实现[J].学位与研究生教育,2017(6):6-10.

沈丹.马克思人学思想视域下的美德教育[D].杭州:浙江大学,2018.

石广盛.欧洲中世纪大学的学位制度[J].兰州学刊,2007(8):189-191.

石广盛.欧洲中世纪大学研究[D].上海:复旦大学,2007.

石中英.知识转型与教育改革[M].北京:教育科学出版社,2001.

石中英.重温马克思的教育思想[J].人民教育,2018(9):34-38.

时美英.流派·特征:当代欧美德育理论研究[J].江苏高教,2018

(4):76-79.

舒志定.教育哲学引论[M].北京:中国社会出版社,2007.

苏振芳.思想道德教育比较研究[M].北京:社会科学文献出版社,2011.

孙恒志.从已有知识定义的缺陷看知识定义的科学整合[J].山东科技大学学报(社会科学版),2002(3):14-17.

孙益.西欧的知识传统与中世纪大学的起源[M].北京:北京师范大学出版社,2012.

泰勒.现代性之隐忧[M].程炼,译.北京:中央编译出版社,2001.

檀传宝,等.德育原理学科地图[M].北京:北京大学出版社,2020.

檀传宝.真实的乌托邦:既善且美的教育建构[M].北京:中国人民大学出版社,2020.

汤谦繁.文化民族性与大学关系历史研究[D].上海:华东师范大学,2016.

汤因比,池田大作.展望二十一世纪——汤因比与池田大作对话录[M].荀春生,朱继征,陈国梁,译.北京:国际文化出版公司,1985.

唐文红.我国高校辅导员队伍建设政策研究[D].桂林:广西师范大学,2016.

滕尼斯.共同体与社会:纯粹社会学的基本概念[M].林荣远,译.北京:北京大学出版社,2010.

滕尼斯.新时代的精神[M].林荣远,译.北京:北京大学出版社,2006.

田秀君.日本早稻田大学的德育特色[J].中国德育,2007(2):93-94.

童志坚.高校德育共同体构建的策略分析——基于社会资本理论视域的探讨[J].教育评论,2014(8):84-86.

涂丽平.高校德育共同体建设的生态路径选择——来自怀特海和

杜威的启示[J].广西社会科学,2014(6):201-205.

王海宁.高校辅导员队伍专业化职业化建设的现实审视与优化路径——基于全国4000余名高校辅导员的问卷调查[J].思想教育研究,2020(12):151-155.

王海莹,王大磊.西方大学转型与章程创新[J].教育研究,2016(11):133-137.

王红岩.20世纪50年代中国高等学校院系调整的历史考察[M].北京:高等教育出版社,2004.

王洪才.大学治理:理想·现实·未来[J].高等教育研究,2016(9):1-7.

王雎,罗珉.知识共同体的构建:基于规则与结构的探讨[J].中国工业经济,2007(4):54-62.

王凯.由线性转移到协同创新——大学知识转化模式的演进路径与发展趋势[J].宁波大学学报(教育科学版),2018(2):55-60.

王守仁.王阳明全集(下)[M].吴光,钱明,董平,等编校.上海:上海古籍出版社,2011.

王文俊.南开大学校史资料选[M].天津:南开大学出版社,1989.

王学川.德国科技道德教育特点及对中国工程师培养的启示[J].浙江科技学院学报,2010(5):428-432.

文学禹,韩玉玲.新时代高校课程思政教学创新研究[M].长春:吉林大学出版社,2020.

吴洪富.促进科技与经济社会耦合发展的关键角色研究——论知识社会中的大学[J].河南教育(高教),2019(3):3-6.

伍醒,顾建民."课程思政"理念的历史逻辑、制度诉求与行动路向[J].大学教育科学,2019(3):54-60.

武学超.模式3知识生产的理论阐释——内涵、情境、特质与大学向度[J].科学学研究,2014(9):1297-1305.

习近平.青年要自觉践行社会主义核心价值观[N].人民日报,

2014-05-05(2).

习近平.习近平谈治国理政[M].北京:外文出版社,2014.

习近平.在北京大学师生座谈会上的讲话[N].人民日报,2018-05-03(2).

习近平.在文艺工作座谈会上的讲话[N].人民日报,2015-10-15(2).

徐国斌,马君雅,单珏慧."立德树人"视野下研究生导师育人作用发挥机制的探索——以浙江大学为例[J].学位与研究生教育,2014(9):12-15.

雅斯贝尔斯.大学之理念[M].邱立波,译.上海:上海人民出版社,2007.

雅斯贝尔斯.什么是教育[M].邹进,译.北京:生活·读书·新知三联书店,1991.

亚里士多德.政治学[M].颜一,秦典华,译.北京:中国人民大学出版社,2003.

颜鹏,单珏慧.知识演进视野下创新型人才培养[N].光明日报,2009-02-18(11).

杨璞.中西方"美德是否可教"问题比较研究——基于社会格局差异的视角[J].中国德育,2018(5):16-20.

杨少琳.中世纪大学学位制度形成的历史渊源[J].黑龙江高教研究,2010(12):6-9.

杨卫.研究生教育动力学[M].北京:科学出版社,2021.

野家启一.库恩:范式[M].毕小辉,译.石家庄:河北教育出版社,2001.

叶飞.当前学校道德教育的个体化困境及其超越[J].国家教育行政学院学报,2020(6):51-57.

袁贵仁.马克思主义人学理论研究[M].北京:北京师范大学出版社,2013.

曾昭皓.德育动力机制研究[D].西安:陕西师范大学,2012.

张宝予,杨晓慧.美国高校价值观教育路径研究——基于通识课程的视角[J].思想教育研究,2019(5):129-133.

张斌贤."大学发展不能摆脱历史"——《欧洲大学史》第一卷《中世纪大学》译介[J].清华大学教育研究,2005(3):28-32,39.

张德.日本高校德育对我们的启示[J].清华大学教育研究,1995(2):91-94.

张华.课程流派研究[M].济南:山东教育出版社,2000.

张济洲,黄书光.美德是否可教——论苏格拉底的德性教化[J].教育研究,2013(4):76-81.

张侃.中国大学制度变迁研究[M].北京:社会科学文献出版社,2018.

张康之.在风险社会中看知识与权力[J].学术界,2021(6):46-56.

张彦,郗凤芹.共同体化:当代道德教育的一种新向度[J].浙江大学学报(人文社会科学版),2020(5):5-13.

张忠华.共和国教育学70年(德育原理卷)[M].北京:北京师范大学出版社,2020.

赵林.西方宗教文化[M].武汉:武汉大学出版社,2005.

赵汀阳.知识,命运和幸福[J].哲学研究,2001(8):36-41.

中共教育部党组关于印发《高校思想政治工作质量提升工程实施纲要》的通知[EB/OL].(2017-12-05)[2024-01-24]. http://www.moe.gov.cn/srcsite/A12/s7060/201712/t20171206_320698.html.

中共中央党史和文献研究院.十八大以来重要文献选编(下)[M].北京:中央文献出版社,2018.

中共中央宣传部 教育部关于印发《新时代学校思想政治理论课改革创新实施方案》的通知[EB/OL].(2020-12-22)[2024-01-24]. http://www.moe.gov.cn/srcsite/A26/jcj_kcjcgh/202012/t20201231_508361.html.

中国高等教育学会,清华大学.蒋南翔文集[M].北京:清华大学出版社,1998.

周川.大学的德行:传统与现实[J].教育研究,2019(1):86-93.

周宏.教化与文化:传统大学德育的时代面向[M].北京:中国社会科学出版社,2019.

周洪宇,胡佳新.知识视域下的实践育人及其意义向度[J].教育研究.2018(8):19-27.

周进.大学理念的知识审视与社会建构[M].北京:中国社会科学出版社,2017.

朱卫国.人和自然关系中的知识和道德[J].探索与争鸣,1990(5):26-28.